GRAND
TEXTES

sous la direction de Céline Thérien

Le Misanthrope

ou

l'Atrabilaire amoureux

Molière

Notes, questionnaires et synthèses
adaptés par **Frédéric D'ANJOU**,
professeur au Collège Gérald-Godin

établis par **François D'HUMIÈRES**

Texte conforme à l'édition des Grands Écrivains de la France

Direction de l'édition
Isabelle Marquis

Direction de la production
Danielle Latendresse

Direction de la coordination
Rodolphe Courcy

**Charge de projet et
révision linguistique**
Nicole Lapierre-Vincent

Correction d'épreuves
Marie Théorêt

Conception et réalisation graphique
Girafe & Associés

Illustration de la couverture
Vigg

Les Éditions CEC inc. remercient le gouvernement du Québec de l'aide financière accordée à l'édition de cet ouvrage par l'entremise du Programme de crédit d'impôt pour l'édition de livres, administré par la SODEC.

Le Misanthrope*, collection *Grands Textes
© 2010, Les Éditions CEC inc.
9001, boul. Louis-H.-La Fontaine
Anjou (Québec) H1J 2C5

Dépôt légal : 2010
Bibliothèque et Archives nationales du Québec
Bibliothèque et Archives Canada

ISBN 978-2-7617-2963-5

Imprimé au Canada
1 2 3 4 5   14 13 12 11 10

Imprimé sur papier contenant 100 % de fibres recyclées postconsommation.

Édition originale Bibliolycée
© Hachette Livre, 2004, 43 quai de Grenelle, 75905 Paris Cedex 15, France.
Tous droits de traduction, de reproduction et d'adaptation réservés pour tous pays.

Sommaire

Louis XIV, tableau de Hyacinthe Rigaud, 1701.

PRÉSENTATION

Aux yeux d'un étudiant d'aujourd'hui, quel intérêt peut présenter la lecture du **Misanthrope** *de Molière, pièce écrite il y a plus de trois siècles ?*

La pièce de théâtre *Le misanthrope* peut-elle vraiment être considérée comme une comédie*, propice aux réjouissances et au divertissement ? Cela ne paraît pas évident. Lorsqu'elle a été présentée pour la première fois, le 4 juin 1666, les spectateurs avaient été plutôt déconcertés, en particulier les membres de la cour du Roi-Soleil, peu habitués à ce que l'un des leurs exerce contre eux son esprit critique. Aujourd'hui encore, personne ne sera étonné de savoir que la pièce a été écrite durant une période troublée de la vie de Molière. En proie à la maladie et aux prises avec les dévots*, ces fanatiques religieux qui ont fait retirer de l'affiche sa pièce *Tartuffe*, Molière a choisi de lui substituer une œuvre subtile dans laquelle Alceste, le personnage principal, maladivement attaché à promouvoir la sincérité contre les mascarades hypocrites de la cour, semble exprimer les tourments de son auteur. Il en résulte un comique en demi-teinte, à la marge de la tension tragique*, qui donne toute son originalité à cette comédie composite, qui se situe entre la comédie de mœurs* et la comédie de caractère*.

Poussé par son entêtement moral, Alceste n'abandonnera jamais son exigence de droiture et de franchise. Dans le contexte du temps, il semble même décalé, notamment par rapport à ces courtisans superficiels et prétentieux qui gravitent autour de Célimène, l'élue de son cœur, qui, curieusement, personnifie tout ce qu'il rejette, soit la séduction et l'esprit mondain. Il est pourtant bien des passages où la justesse de ses accusations n'échappe à personne, spectateurs comme protagonistes*. En effet, Alceste met le doigt sur les travers d'une cour où le paraître, l'amour-propre et la vanité l'emportent toujours sur la raison et la sincérité.

La cour de Louis XIV prend souvent les apparences d'une salle de théâtre où chacun se met en représentation tout en cherchant

* : *Cf. Glossaire*

le regard du monarque pour attirer ses faveurs. Les courtisans n'ont d'autre choix que de le flatter et de le complimenter pour obtenir des avantages, des charges ou tout simplement pour maintenir leur rang. D'une certaine façon, ils rappellent les comédiens sous leur maquillage de poudre blanche, leur perruque bouclée et leurs habits à jabots et à dentelles. Les bals tenus à Versailles sont des occasions rêvées pour les invités de jouer un rôle d'honnête homme* à la fine pointe de la civilisation, alors que seul leur intérêt compte. Toute cette élite qui jouit d'énormes privilèges sociaux est en fait parasitaire : emprisonnée dans une cage dorée, elle se ruinera à force de plaisirs et menacera de faillite le royaume. Pour d'infimes marques de considération, ces seigneurs, autrefois avides de pouvoir, consentent maintenant à se plier à tous les caprices d'un monarque qui, pour maintenir la paix dans le royaume, les tient à sa merci.

C'est donc cet esprit de courtisan que Molière discrédite dans *Le misanthrope*, quoiqu'il faille nuancer cette affirmation : Molière n'absout pas pour autant le protagoniste qui s'inscrit en faux. En effet, Alceste n'est pas perçu comme étant aimable, ni par les autres personnages ni par les spectateurs. Molière n'aime donc pas les personnalités exagérées, ni les êtres excessifs ; il prône en tout le juste milieu.

Comment se dire l'ennemi du genre humain (*mis-anthrope*[1]) lorsque l'on vit dans le monde ? Vaut-il mieux se plier aux conventions sociales comme le courtisan ou vivre en marge de la société comme le misanthrope ? Pour un jeune du XXIe siècle, cette question est centrale. Matraqué par la publicité, poussé au conformisme social, le jeune adulte a deux options : se braquer ou suivre la cadence. Dans une ère de consommation qui met l'accent sur le paraître, la réussite individuelle et la compétition, doit-on singer le courtisan et se plier aux pressions sociales ou plutôt, à l'instar d'Alceste, vivre isolé, en marge, et conserver ainsi son intégrité ? Voilà le dilemme au cœur de l'intrigue* du *Misanthrope*.

---

1. Étymologie de *misanthrope* : contraction des mots grecs anciens *misos* (haïr) et *anthropos* (humain) ; le terme *misanthrope* signifie « celui qui déteste le genre humain ».

* : Cf. Glossaire

Molière,
toujours actuel

**Molière
par Pierre Mignard**

Molière, sa vie, son œuvre

> **Faut-il connaître la vie de Molière pour comprendre la pièce?**

Molière, de son vrai nom Jean-Baptiste Poquelin, est né à Paris en 1622. Son père, Jean Poquelin, voit en son fils aîné un digne héritier de sa charge de tapissier du roi. Pour que Jean-Baptiste reçoive la meilleure éducation possible, son père l'inscrit au prestigieux collège des Jésuites de Clermont, puis l'exhorte à faire son droit à Orléans. Jean-Baptiste obtient son diplôme vers l'âge de dix-neuf ans, époque à laquelle fleurit son intérêt pour le théâtre et où il rencontre les Béjart, famille de comédiens avec laquelle il fait ses premiers pas d'acteur.

L'enfance de l'art

Passionné par l'idée de jouer la comédie, le jeune Jean-Baptiste décide de consacrer sa vie au théâtre. C'est ainsi qu'en 1643, âgé de 21 ans, il fonde sa troupe, l'Illustre-Théâtre, avec Madeleine Béjart, son aînée de quelques années, déjà engagée dans le métier.

L'Illustre-Théâtre, protégé par Gaston d'Orléans, frère de Louis XIII, tente de s'établir à Paris en misant sur la tragédie*, forme dramatique* la plus valorisée à l'époque. Une première pièce obtient un certain succès, mais les représentations de la troupe se font plus rares à la mort de Louis XIII, puisque les dévots*, proches de la régente, condamnent sévèrement le théâtre. De surcroît, la concurrence est rude, les succès sont rares, et les dettes, énormes. En 1645, Jean-Baptiste, qui a pris le pseudonyme de Molière depuis 1643, est poursuivi par ses créanciers, puis emprisonné quelques jours pour endettement. Il quitte Paris avec sa troupe.

*: Cf. Glossaire

Une vie de saltimbanque* attend Molière sur les routes des campagnes françaises. Une chanson de Charles Aznavour, «Les comédiens» (1962), décrit bien la vie de ces acteurs réduits à l'errance, qui allaient de faubourg en faubourg, installaient leurs tréteaux et dressaient leur estrade devant l'église, et pour ameuter les spectateurs, paradaient «à grand renfort de tambour»; puis, dans une sorte de théâtre en plein air, les comédiens, juste après les trois coups qui marquent le départ du jeu, racontaient des histoires un peu tristes de coquins, «où tout s'arrange à la fin», ou d'amoureux transis. Le lendemain matin, au lever du soleil, les comédiens étaient déjà repartis et les villageois, de leur côté, croyaient «avoir rêvé»!

Cette itinérance prolongée est bénéfique pour Molière qui apprend les métiers de comédien et de directeur de troupe, mais surtout à connaître la nature humaine en observant la grande diversité des hommes. Établi à Lyon vers 1650, subventionné par le prince de Conti, l'Illustre-Théâtre connaît finalement de nombreux succès. Ayant pris conscience de son talent d'auteur, Molière composera des farces*, interprétées par sa troupe, notamment *L'étourdi* en 1655 et *Le dépit amoureux* en 1656.

Tirant profit de sa toute fraîche notoriété, Molière s'installe en 1658 à Rouen avec sa troupe afin de se rapprocher de Paris et du frère de Louis XIV, qui lui offre sa protection. S'inspirant alors de la *commedia dell'arte**, le jeune dramaturge en vient à créer une ribambelle de personnages appartenant surtout à la bourgeoisie, la classe sociale dont il est issu et qu'il connaît très bien.

Le début de la gloire

Entrée à Paris à la fin de 1658, la troupe se produit au Jeu de paume* devant nul autre que le jeune Louis XIV. Elle y joue deux pièces: une tragédie, jugée ennuyeuse,

Saltimbanque

Comédien, chanteur ou danseur qui se produit en public.

Farce

Petite pièce qui s'adresse à un public populaire: les personnages en sont stéréotypés, les intrigues schématiques et le comique mise généralement sur le grotesque et les bouffonneries.

Commedia dell'arte

Comédie à l'italienne où les comédiens, masqués, improvisent sur un canevas en mettant l'accent sur le comique gestuel.

Jeu de paume

Ancêtre du tennis, le jeu de paume se jouait dans un lieu rectangulaire.

* : *Cf. Glossaire*

Registre

Manifestation dans le langage de l'émotion produite par un texte sur la sensibilité du lecteur : émouvoir, faire pleurer (registre pathétique), exprimer ses sentiments personnels (lyrique), exprimer et provoquer de la peur (fantastique), critiquer sérieusement (polémique), critiquer plaisamment (**satirique** et ironique), faire rire (comique), amplifier un événement (épique). Les registres sont en relation avec un genre : comédie et registre comique, épopée et registre épique, poésie lyrique et registre lyrique, etc. Synonyme de tonalité.

et une comédie, qui suscite rires et applaudissements. Molière obtient dès lors le droit de jouer au théâtre du Petit-Bourbon. C'est là, en 1659, qu'il remporte son premier grand succès avec *Les précieuses ridicules*, comédie satirique* ayant pour cible la préciosité, cette mode culturelle reposant sur la volonté de se distinguer par la pureté du langage et des mœurs. Ce premier succès témoigne déjà du génie de son créateur puisque Molière y enrichit le registre* comique d'une nouvelle forme : la comédie de mœurs*, pièce qui se moque des habitudes de vie et des coutumes d'un peuple ou d'une société.

Forte de sa popularité grandissante, la troupe se voit offrir la scène du Palais-Royal, célèbre théâtre que fait construire Richelieu en 1637. Désormais, Molière cherche à élever la comédie au rang de la tragédie. En 1662, le triomphe de *L'école des femmes*, justement considérée comme une grande comédie, où se côtoient le rire et la réflexion sur la condition féminine, lui permet d'accéder à une certaine aisance matérielle.

La même année, il épouse Armande Béjart, de vingt ans sa cadette, qui le fera souffrir par ses infidélités : on peut donc penser retrouver un peu d'Armande en Célimène (elle aussi bien plus jeune qu'Alceste) ; ce type de personnage sera récurrent dans l'œuvre de Molière.

Rivalités et cabales

La rapide ascension de Molière ne va pas sans susciter la jalousie de ceux qui l'entourent. Certains nobles de la cour, les dévots, les précieuses et ses concurrents le discréditent. Toutefois, l'intérêt manifesté par Louis XIV ne se dément pas puisque celui-ci accepte d'être le parrain de son premier fils, né en 1664. Cependant, cette même année apportera également son lot de déceptions. Les dévots, très influents à la cour, se déchaînent contre la pièce *Tartuffe*, qui présente une caricature de leur hypocrisie religieuse. Sous leur

* : *Cf.* Glossaire

pression, le roi fera interdire la pièce pour une période de cinq ans. C'est alors que l'idée d'une riposte, sous la forme d'une autre pièce portant sur le même thème, germe dans la tête de Molière. *Le misanthrope* lui permettra de régler ses comptes avec ses détracteurs...

En 1665, la troupe de Molière reçoit le titre officiel de «troupe du roi», mais cela n'empêche pas l'interdiction de *Dom Juan*, qui met en scène un personnage débauché et impie. La «cabale* des dévots» semble atteindre son but, soit de bannir les pièces jugées provocantes, surtout celles de Molière, qui incarne à leurs yeux le libre-penseur.

Cabale

Manœuvres secrètes, concertées contre quelqu'un ou quelque chose.

Contraint de compenser le manque à gagner et de réussir à faire vivre sa troupe, Molière, toujours tenté par la tragédie, décide en 1665 de mettre en scène une pièce de Jean Racine; l'accueil du public est alors mitigé. À la fin de cette même année, les deux célèbres dramaturges se brouillent, Racine ayant décidé de faire jouer sa tragédie *Alexandre* par une troupe rivale. Cependant, le décès de la reine mère en 1666 fait perdre à la cabale des dévots leur principal appui. Molière peut alors faire jouer *Le misanthrope*, qui s'en prend à l'hypocrisie, non plus celle des dévots comme dans *Tartuffe*, mais plutôt celle des courtisans. À la fin des années soixante, Molière compose quelques autres pièces de génie: *Le médecin malgré lui* (1666), *Amphitryon*, *L'avare* et *George Dandin* (1668).

La fin d'un homme de théâtre

Molière est affaibli par les luttes contre ses ennemis, la mort de son père et les disputes conjugales. Il répond néanmoins à une commande du roi, passionné par la musique. Il s'associe alors à Jean-Baptiste Lully, musicien favori de Louis XIV, avec qui il crée un nouveau genre alliant théâtre et musique: la comédie-ballet*. *Le bourgeois gentilhomme* (1670) et *Psyché* (1671) naissent de la collaboration entre les deux hommes.

Comédie-ballet

Forme de comédie, mise au point par Molière, alliant théâtre, musique et danse.

*: Cf. Glossaire

En 1672, quelques jours après la mort de son excellente amie Madeleine Béjart, le dramaturge présente sa dernière grande comédie, *Les femmes savantes*, qui prend à partie les pédants* et les poètes de cour. Son œuvre ultime, une comédie-ballet intitulée *Le malade imaginaire*, est jouée en 1673. Lors de sa quatrième représentation, le 17 février, Molière, pris de convulsions et crachant du sang, est transporté chez lui, où il meurt quelques heures plus tard. Grâce à l'intervention du roi, il a droit à un enterrement religieux, alors que l'Église le refusait aux comédiens non repentis. Il est enterré de nuit, en présence d'une foule nombreuse, sans les derniers sacrements qu'il désirait recevoir. Ses restes reposent aujourd'hui dans un cercueil de pierre au cimetière du Père-Lachaise, à Paris, jouxtant celui du plus illustre fabuliste français, Jean de La Fontaine.

L'exploration de genres variés

À la fois comédien, auteur et directeur de troupe, Molière est le seul des trois grands dramaturges classiques du XVIIᵉ siècle à avoir mené de front ces trois activités. Corneille, son aîné, et Racine, son cadet, se sont en effet consacrés uniquement à l'écriture. Bourreau de travail, Molière a écrit plus d'une trentaine de pièces – farces, comédies et tragédies – qu'il a aussi mises en scène, tout en interprétant souvent un des rôles principaux. Pour lui, la comédie, au même titre que la tragédie, est cathartique* : elle corrige les vices, c'est-à-dire les travers de l'individu et de la société de son temps.

Molière est par ailleurs très redevable au théâtre médiéval, car il accorde une place de choix à la farce et à la *commedia dell'arte*, influencées toutes deux par le comique de geste*, axé sur la performance physique de l'acteur et accordant une large place aux mimiques, aux chutes et aux coups de bâton. Il renouvelle la comédie d'intrigue*, qui multiplie les rebondissements, et la

---

Pédant

Personne qui manifeste prétentieusement son savoir, son érudition.

Catharsis

Effet d'apaisement des passions produit sur le spectateur par une présentation théâtrale.

---

* : *Cf.* Glossaire

comédie de caractère*, qui confronte des personnages antagonistes en faisant ressortir leurs défauts. À l'évidence, cette propension de Molière à recourir aux divers registres du comique élargit son auditoire tout en contribuant à revaloriser la comédie, genre autrefois déprécié. Autant les gens de la cour appréciaient les sarcasmes et les jeux de mots dans *Les femmes savantes*, autant les bastonnades des *Fourberies de Scapin* provoquaient l'hilarité des publics tenus à l'écart de la cour.

Le misanthrope procède à la fois de la comédie de mœurs et de la comédie de caractère. Or, cette hybridité du *Misanthrope* constitue la signature de Molière, passé maître dans l'art de fusionner les genres et les registres du comique, comme dans ses « grandes comédies », telles que *Tartuffe*, *Dom Juan* et *Les femmes savantes*.

À sa mort, en 1673, il paraît clair que le fils de tapissier a révolutionné le théâtre. Sa vie, Molière l'a menée en fonction de cette passion qui l'a animé jusqu'à ses dernières heures, jusqu'à son dernier souffle. Or, certains détails de la vie de Jean-Baptiste Poquelin nous aident à mieux saisir les enjeux du *Misanthrope* et nous éclairent sur certaines des raisons qui ont poussé l'écrivain à critiquer aussi ouvertement son monde et à concevoir un personnage aussi amer et désillusionné qu'Alceste : ses propres revers conjugaux avec Armande, plus jeune que lui, coquette et séductrice, et qui ressemble à la volage Célimène ; le fait qu'il ait été victime de cabales et que le roi ait fait interdire certaines de ses pièces en cédant aux pressions exercées par des ennemis ; les complots contre lui, notamment ceux de Lully et de Racine ; son assujettissement à un rôle de courtisan pour conserver les faveurs du roi et assurer la survie de sa troupe. Cette position a fait en sorte toutefois de lui permettre de très bien connaître le milieu qu'il dépeint et les gens qui gravitent en son sein.

Molière a donc cherché à peindre, peut-être plus dans *Le misanthrope* que dans aucune autre de ses pièces, le ridicule et les tares d'une société qu'il estime menacée

* : *Cf.* Glossaire

par l'artifice et le mensonge. *Le misanthrope* est le produit d'un siècle dont il manifeste les contradictions et les excès.

- Molière fait en province son apprentissage d'homme de théâtre, ce qui lui permet d'avoir un registre comique étendu qui va de la farce aux comédies de caractère et de mœurs.
- Molière se sert de son personnage d'Alceste pour critiquer des traits propres au courtisan, dont la propension à la flatterie se conjugue à l'hypocrisie.
- La rapide ascension de Molière et son style incisif contribuent à exacerber ses ennemis, notamment les dévots, qui insistent auprès du roi pour faire interdire ses pièces.

Description de l'époque : la France du XVIIᵉ siècle

> Qu'importe-t-il de connaître de la France du XVIIᵉ siècle pour mieux comprendre la pièce **Le misanthrope** ?

Quelques renseignements préliminaires

Plusieurs appellations sont données au XVIIᵉ siècle qui s'ouvre en 1610 avec l'assassinat d'Henri IV et se clôt en 1715 avec la mort de Louis XIV : on l'appelle le Grand Siècle*, celui du Roi-Soleil et de l'absolutisme royal et, en littérature, le siècle du classicisme.

Il y a quatre cents ans, le monde était bien différent de ce qu'il est aujourd'hui. Dirigée par un monarque au pouvoir absolu, la France est la première puissance mondiale ; le Québec d'alors – ou plutôt la Nouvelle-France – n'est qu'une de ses colonies. Soutenue par l'Académie française, la culture de la France rayonne partout en Europe. Ses auteurs sont lus (Corneille, Molière, Racine, La Fontaine), ses philosophes écoutés (Descartes, Pascal), ses artistes admirés (Poussin, Le Brun) et ses musiciens considérés (Lully). Le français est la langue de la diplomatie. Bref, la France traverse une période faste sur le plan culturel. Pourtant, cet âge d'or ne vient pas sans quelques infortunes, notamment pour le peuple.

Grand Siècle

Nom donné au siècle de Louis XIV, dont le règne (1643-1715) a été l'un des plus longs de l'histoire de France.

* : Cf. Glossaire

Le contexte politique

Soumis à la tutelle de sa mère Anne d'Autriche depuis son accession au trône en 1654, Louis XIV décide de gouverner seul à partir de 1661. Pendant ces cinquante-quatre années de règne prestigieux, Louis XIV ne cesse de concentrer l'ensemble des pouvoirs entre ses mains, raffermissant le régime de monarchie absolue établi sous Louis XIII (1610-1643), son père, grâce aux actions énergiques du cardinal de Richelieu, son ministre. Les guerres de religion entre protestants et catholiques traversent une période d'accalmie ; les intrigues fomentées par les grands seigneurs qui ont culminé avec La Fronde sont jugulées et le mariage de Louis XIV avec Marie-Thérèse d'Autriche, infante d'Espagne, permet de sceller la paix avec un voisin belliqueux.

L'affirmation du pouvoir royal

Ainsi, Louis XIV a vingt-trois ans lorsqu'il décide de gouverner seul. Ayant écarté sa mère du pouvoir, il évince aussi son principal ministre, Fouquet, qui lui fait de l'ombre. Se méfiant de la noblesse, dont de nombreux membres ont été compromis dans la Fronde, Louis XIV choisit désormais lui-même ses collaborateurs, de préférence parmi les bourgeois. Sur ces hommes qui lui doivent leur ascension sociale, son pouvoir est assuré. Ses ministres dépendent étroitement de lui, notamment Le Tellier ou Louvois qui se consacrent à la guerre, et Colbert qui s'occupe des finances.

La noblesse obtient de nombreuses marques de considération, mais ne participe que peu aux affaires politiques du royaume, étant principalement occupée à faire la guerre. En effet, Louis XIV considère que « s'agrandir est la plus digne et la plus agréable occupation des souverains » et adopte, face à l'étranger, une attitude presque constamment combative. Secondé par des hommes aguerris, il mène une politique d'expansion qui assure la suprématie de la France en Europe.

Mis au service du pouvoir royal dans ces entreprises de conquête, les nobles se voient progressivement privés de leur rôle dans les provinces. En effet, Louis XIV met en place le corps des intendants (de justice, de police, des finances), chargés de veiller au respect de l'ordre dans les campagnes et dans les villes. Les intermédiaires traditionnels entre le monarque et le peuple disparaissent donc au profit d'une centralisation de tous les pouvoirs, tandis que se développe le culte presque religieux du Roi-Soleil.

Le contexte social

Pour faire accepter à la noblesse la perte de son influence politique et empêcher le réveil de la Fronde, Louis XIV attire les nobles à la cour, leur distribue des charges honorifiques et les divertit par des fêtes. Les plus connues sont les « Plaisirs de l'île enchantée », où le théâtre est à l'honneur. Ces fêtes sont données dans les jardins du palais de Versailles, dont le roi avait ordonné les premiers travaux de rénovation dès 1661. Les architectes Le Vau, D'Orbay et Mansart convertissent l'ancien pavillon de chasse de Louis XIII à Versailles en palais fastueux, véritable cage dorée pour la noblesse qui s'y amuse – et qui s'y ruine incontestablement en cherchant à s'attirer les faveurs du roi –, mais qui y perd aussi son pouvoir et son influence. Le haut clergé jouit des mêmes privilèges que la noblesse puisque ses membres en proviennent ; la bourgeoisie peut aussi obtenir des charges importantes comme nous l'avons vu précédemment.

À l'évidence, seule une infime partie de la population a la chance de jouir des plaisirs que procure la cour de Louis XIV. Au XVIIe siècle, la noblesse totalise environ 5 % de la population française ; le reste, essentiellement constitué de paysans, vit dans des conditions très précaires.

Le paysan soutient le mode de vie des nobles seigneurs et nourrit, par son labeur, à la fois les légions de soldats et l'essaim de courtisans qui gravitent autour du roi. Illettré, sans droit aucun, doté d'une espérance de vie d'environ quarante ans, le paysan français du XVIIe siècle mène une vie rude, dont l'amélioration est peu probable. Les rébellions populaires, certes fréquentes, mais mal organisées, sont vite réprimées. Il faudra attendre le XVIIIe siècle pour que l'insurrection prenne une ampleur qui mènera à des conséquences irrévocables, c'est-à-dire le renversement de la monarchie par la Révolution française.

Quant aux bourgeois, ils se sont enrichis grâce au commerce notamment, mais demeurent des roturiers, c'est-à-dire des non-nobles. Parce qu'ils appartiennent à la plèbe – dont ils sont en train de se détacher –, ils doivent payer des taxes et des impôts. Les plus riches d'entre eux cherchent à adopter le mode de vie de la noblesse et même à acheter un titre qui les fasse accéder à un statut supérieur. Progressivement admis en plus grand nombre à la cour et goûtant aux plaisirs qu'elle leur offre, ces ambitieux finissent par verser dans le même ridicule que la noblesse. Dans *Le bourgeois gentilhomme*, Molière s'amuse à critiquer ces bourgeois qui se font passer pour ce qu'ils ne sont pas. Pour le dramaturge, cette haute société est la cible parfaite de toutes les moqueries.

Un coup d'œil à la mode vestimentaire du temps met en relief les extravagances de cette élite privilégiée. Les étoffes précieuses, les jabots, les dentelles et les mousselines dont se vêtent les hommes comme les femmes, les perruques à boucles multiples, les talons hauts pour les deux sexes, les poudres et les parfums pour masquer les odeurs puisqu'on se lave très peu (la peur de l'eau est un trait de mentalité généralisé), tout cela révèle un goût du luxe excessif qui se conjugue à une tendance au secret et au camouflage.

La popularité du théâtre n'est-elle pas justement une preuve supplémentaire du plaisir pris au déguisement et du goût de se donner en spectacle ? Qu'est-ce que le métier d'acteur sinon de révéler la vérité en passant par le factice et le travestissement ?

Au XVIIe siècle, le théâtre sert les intérêts du roi. Cet art de la représentation atteste de la magnificence de la cour royale et donne en exemple cette langue française telle qu'elle est parlée à la cour, alors que persistent encore partout en France les patois et les dialectes. Ainsi, le théâtre contribue à l'unification du royaume puisqu'il permet l'adhésion à des valeurs et à une langue communes, qui sont celles de l'élite.

Les contextes religieux et idéologique

À cette époque, il est habituel que les sujets adoptent la religion de leur souverain, ce qui explique que les catholiques soient majoritaires en France, et cela, en dépit d'une percée du protestantisme dans certaines régions. Favorisées par l'humanisme conciliant de la Renaissance, les idées de Luther et de la Réforme se propagent, notamment grâce au Français Jean Calvin. Exilé en Suisse, ce dernier favorise l'établissement des Églises réformées, qui rassemblent à leur apogée de 15 à 20 % des Français. Catholiques et protestants en sont pourtant venus, au siècle précédent, à s'opposer en de sanglants affrontements qui avaient culminé lors du massacre de la Saint-Barthélemy, le 24 août 1572, faisant des milliers de victimes en une nuit.

Un siècle plus tard, en 1685, Louis XIV révoque l'Édit de Nantes, mettant ainsi un terme à la liberté de religion. En conséquence, le culte protestant devient interdit, les temples sont rasés, les pasteurs emprisonnés ou exécutés ; près de deux cent mille protestants choisiront alors l'exil.

Par ailleurs, au XVIIe siècle, le concept de séparation de l'Église et de l'État n'existe pas. Il est tout à fait normal qu'un haut dignitaire du clergé (souvent le cadet d'une grande famille) occupe un poste politique. C'est le cas des cardinaux de Richelieu, principal conseiller de Louis XIII, et Mazarin, ministre sous Louis XIV.

Dans la foulée de la Contre-Réforme[2] s'installe une recrudescence de cette piété qui conduit souvent au fanatisme religieux. Adoptant l'optique de la Compagnie du Saint-Sacrement, créée en 1667, qui s'est donné pour mission de « faire tout le bien possible et éloigner tout le mal possible », les dévots placent la ferveur religieuse au centre de tout. Ils prennent pour cible les libres-penseurs comme Molière. En réaction, celui-ci leur consacre une pièce entière, *Tartuffe*, qui dénonce leur hypocrisie et leur étroitesse d'esprit.

Force est pourtant de reconnaître que la Nouvelle-France doit beaucoup à cette Compagnie du Saint-Sacrement, qui publie des brochures sur les projets de colonisation en Amérique. Elle travaille ainsi en faveur du développement de missions catholiques à Québec, à Trois-Rivières et à Montréal. Les Augustines de Dieppe et les Ursulines de Tours, à titre d'exemples, s'embarquent pour Québec sous l'influence de la Compagnie.

Toute une réflexion théologique, qui nourrit d'ailleurs la bigoterie* des dévots, se développe aussi au XVIIe siècle. Le jansénisme*, doctrine très pessimiste selon laquelle Dieu gracie ou condamne l'humain dès sa naissance, fait des adeptes comme le grand philosophe et mathématicien Blaise Pascal, et le célèbre auteur de tragédies Jean Racine.

Bigoterie

Dévotion radicale et puritaine. Les termes « bigot » et « dévot » sont synonymes.

Jansénisme

Doctrine austère et rigoriste, fondée sur l'idée de prédestination. Les jansénistes croient que seul Dieu accorde la grâce et que les bonnes actions des hommes ne peuvent les racheter au regard de Dieu.

---

2. Au XVIe siècle, la Contre-Réforme est le mouvement par lequel l'Église catholique réagit à la montée du protestantisme en Europe. Ayant pour objectif double un renouvellement de la foi catholique et une reconquête des régions acquises aux Églises protestantes, la Contre-Réforme appuie la création de congrégations et d'ordres religieux qui luttent avec ferveur et fermeté contre les idées de Luther.

* : *Cf.* Glossaire

- Au XVIIe siècle, la classe sociale privilégiée est la noblesse, personnifiée surtout dans la tragédie, le genre théâtral le plus valorisé.
- Les bourgeois, qui se détachent progressivement du peuple, sont de plus en plus ridiculisés dans les comédies. Leurs valeurs – le travail et le sens de l'épargne –, mais aussi leur propension à singer les mœurs de la noblesse sont prises à partie dans les pièces de Molière.
- Le peuple, essentiellement paysan, constitue environ 95 % de la population ; il est surtout représenté dans la farce, genre populaire et peu prestigieux.
- Les dévots, défendant une morale rigoriste et austère, s'attaquent à toutes les formes de libertinage. Le courant libertin, qui remet en question les idéologies puritaines, gagne autant d'adeptes que de détracteurs.

L'art et la littérature

Attaché à développer le culte de sa personne, désireux de marquer l'histoire par le prestige de son règne, soucieux d'affirmer l'éclat de la France en Europe, Louis XIV mène une politique culturelle marquée par la volonté de protéger et d'encourager le développement des sciences, des arts et des lettres, et de les mettre au service de son rayonnement et de son prestige. Le Roi-Soleil, lui-même excellent danseur, voulait la plus belle musique d'Europe, les plus beaux monuments architecturaux et la meilleure littérature.

Les arts, comme les autres domaines, sont subordonnés au pouvoir royal absolu. Le roi promeut les académies qui définissent les règles de la beauté et qui octroient le privilège d'impression (le sceau royal). L'impératif des règles vient tempérer la liberté du courant baroque, orienté vers la surcharge, la tension et l'exubérance. En réaction, le classicisme privilégie l'ordre et l'harmonie.

Le Roi-Soleil est aussi un roi mécène. Il développe un système des pensions* qui permet de rétribuer les

Pensions

Allocations versées régulièrement à des créateurs par un mécène qui peut être le roi lui-même ou un noble fortuné.

21   *: Cf. Glossaire

créateurs tout en les gardant sous sa dépendance. Les artistes qui ont la « chance » d'être soutenus par le roi connaissent l'aisance matérielle, notamment Corneille, Molière et Racine, et bénéficient des faveurs royales. Leurs œuvres ne louent pas toujours le monarque et sa cour, car Louis XIV est aussi capable d'une relative latitude en ce domaine. Il n'en reste pas moins vrai que la dépendance financière de l'artiste envers son bienfaiteur favorise une certaine autocensure...

L'âge d'or du théâtre

L'engouement de Louis XIV et de sa cour pour le théâtre s'explique peut-être par le fait que le roi et son entourage sont eux-mêmes en perpétuelle représentation. La vie du roi est réglée par une étiquette minutieuse qui codifie ses moindres activités et y associe les courtisans selon des modalités bien définies. Assister au lever et au coucher du roi est ainsi un honneur. Molière, dans *Le misanthrope*, réfère à cette tradition par la bouche de Clitandre qui s'exclame : « Parbleu ! je viens du Louvre, où Cléonte, au levé, / Madame, a bien paru ridicule achevé » (v. 567 et 568) et, plus loin, « Moi, pourvu que je puisse être au petit couché, / Je n'ai point d'autre affaire où je sois attaché » (v. 739 et 740).

Plusieurs troupes de théâtre sont entretenues par le roi, comme celle de l'Hôtel de Bourgogne qui monte de grandes tragédies, celle du Marais qui a mis en scène les pièces de Corneille, enfin celle de Molière, appelée « Troupe du roi » à partir de 1665. Cette dernière exerce d'abord dans la salle du Petit-Bourbon (une partie du Louvre actuel), puis au Palais-Royal et au théâtre de Guénégaud. À la mort de Molière, sur ordre du roi, la troupe du théâtre de Guénégaud fusionne avec celle de l'Hôtel de Bourgogne pour donner naissance à la Comédie-Française (1680), seul théâtre d'État en France disposant, encore aujourd'hui, d'une troupe permanente.

Baroque et classicisme

Au XVIIᵉ siècle, deux courants artistiques coexistent : le baroque, qui domine à l'époque de Louis XIII, et le classicisme, associé au règne de Louis XIV. Ces deux courants touchent autant à la littérature qu'à la peinture et à l'architecture. Le tableau à la page 24 permet d'en saisir les principales caractéristiques.

Louis XIV reçoit Molière à la Cour.

Tableau des courants artistiques au XVIIe siècle

Courant baroque	Courant classique
• Influence dominante au début du XVIIe siècle, dans toute l'Europe et, en France, sous Louis XIII.	• Influence dominante en France sous le règne de Louis XIV.
• Héros* inconstants, déchirés, susceptibles de se déguiser ou de se métamorphoser en cours d'action, qui adhèrent aux valeurs chevaleresques, qui ont le goût de l'héroïsme et qui cultivent l'ambiguïté.	• Héros qui calquent leurs valeurs sur celles de l'honnête homme, toujours dans la juste mesure, entre honneur et devoir. De rang élevé dans la tragédie, d'origine bourgeoise dans la comédie.
• Mélange des genres, le tragique se mêlant au comique (la tragi-comédie) dans le but de traduire le malaise de l'être humain devant un monde en bouleversement. Foisonnement des anecdotes.	• Séparation des genres et respect des contraintes de composition, notamment la règle des trois unités, celles de lieu (un seul lieu), de temps (une journée) et d'action (une ligne directrice), pour traduire une impression de stabilité, celle de la monarchie absolue.
• Virtuosité stylistique, prolifération des figures de style et tendance au langage précieux*, orné. Intensité dans l'expression des sentiments, goût pour tout ce qui est excessif.	• Sobriété dans l'expression des sentiments, qui doivent demeurer dans les limites de la bienséance*, c'est-à-dire de la décence morale. Style épuré, clarté et précision du lexique.
• Prédilection pour les effets de mise en scène, pour les changements de décor, pour les pièces à machines.	• Mise en scène solennelle qui met l'accent sur le caractère cérémoniel de la représentation, dans le but de servir la gloire du roi.
• But par rapport au spectateur: créer un effet de surprise, l'impressionner.	• Désir de plaire au spectateur pour mieux l'instruire des valeurs et des comportements socialement souhaitables.

*: Cf. Glossaire

Présentation de la pièce

Quels liens peut-on établir entre l'ensemble de ces connaissances et la pièce Le misanthrope ?

Dans *Tartuffe ou l'imposteur* (1664), Molière s'attaquait férocement aux dévots de son époque, qu'il décrivait comme des êtres avides, fourbes, qui se servent de leur position sociale et de leur proximité avec l'aristocratie pour leur bénéfice personnel. *Tartuffe*, jugé incendiaire, est interdit de représentation pendant cinq ans.

Frustré, Molière pose sur papier les premières lignes d'une pièce qui serait le pendant de *Tartuffe*, une pièce qui lui permettrait de dépeindre et de ridiculiser un vice qu'il considère comme répandu à la cour. En effet, dans *Le misanthrope*, le dramaturge caricature le comportement des courtisans qui disent souvent le contraire de ce qu'ils pensent ou n'agissent pas en conformité avec leurs valeurs. Si Célimène se montre également agréable avec ses trois amants lorsqu'elle est en leur présence, elle critique vertement chacun d'eux en leur absence. Les rivaux d'Alceste révèlent aussi leurs travers : Oronte exige d'Alceste la vérité, puis le menace de procès quand ce dernier répond à ses attentes. Arsinoé semble complimenter Célimène, alors que, subrepticement, elle la critique par un vocabulaire feutré et fallacieux. Mais tomber dans la misanthropie comme Alceste, qui prétend vouloir débusquer le mensonge pour s'en tenir à l'unique vérité, ne constitue pas non plus une solution viable aux yeux de Molière.

Ainsi, *Le misanthrope* reflète une mentalité différente de la nôtre : dans cette société fortement hiérarchisée, il faut soigner les apparences et développer l'art de plaire. Mais le dilemme qui se pose à Alceste rejoint aussi le spectateur actuel qui ne peut qu'être sensible au paradoxe de ce héros qui se veut sans reproche : pourquoi, en effet, un homme si avide de vérité est-il sensible au charme de Célimène, une coquette à ce point perfide ?

Liens avec la description de l'époque

Le succès des œuvres de Molière réside pour une large part dans sa capacité à mettre en scène les mœurs du temps en utilisant tous les ressorts du genre comique. Comme il l'a affirmé dans *La critique de « L'école des femmes »*, Molière cherche à divertir le public des « honnêtes gens » en rendant « agréablement sur le théâtre les défauts de tout le monde ». Incarnant le rigorisme moral, Alceste se fait l'écho de l'aspiration d'une partie de la société louis-quatorzienne à une moralité élevée. Quant à elle, la coquette Célimène représente une jeunesse surtout intéressée par la vie de cour et les apparences. Philinte incarne l'honnête homme du XVIIe siècle, à la recherche d'un art de vivre qui associerait l'élégance et la tolérance ; sa sagesse bienveillante l'incline à rejeter la vertu excessive.

Salon

Généralement tenu par une femme, le salon du XVIIe siècle est un lieu de réunion dans une maison privée où l'on recevait des membres de la haute société afin de discuter de littérature, de philosophie, d'art ou de science.

L'honnête homme

La figure de « l'honnête homme » correspond à l'idéal humain du siècle classique. Capable de briller dans les salons*, l'homme doit savoir être modéré dans son comportement en société et respectueux d'autrui. Les paroles de Philinte traduisent cette quête d'harmonie, lui qui reproche à Alceste sa rude franchise qui frôle l'impolitesse :

> *Il est bien des endroits où la pleine franchise*
> *Deviendrait ridicule et serait peu permise ;*
> *Et parfois, n'en déplaise à votre austère honneur,*
> *Il est bon de cacher ce qu'on a dans le cœur.*
> *Serait-il à propos et de la bienséance*
> *De dire à mille gens tout ce que d'eux on pense ?*

* : Cf. Glossaire

Et quand on a quelqu'un qu'on hait ou qui déplaît,
Lui doit-on déclarer la chose comme elle est?
(v. 73 à 80)

Ainsi, pour Philinte, la vie en société exige un savoir-vivre qui rend acceptable ce que l'on pourrait appeler le mensonge pieux. À une épouse qui demande si elle a grossi, le mari est-il tenu de dire la vérité et de répondre oui? Une épouse doit-elle avouer ses infidélités? Un parent est-il tenu de faire prendre conscience à son enfant de ses limites?

Alceste, qui représente une position extrême, refuse toute complaisance et agit sans prendre garde aux sentiments d'autrui. À l'autre extrémité, Oronte ment effrontément afin de s'attirer les grâces de son interlocuteur.

En un sens, les caractéristiques du courtisan, de celui qui cherche à plaire aux puissants pour en obtenir quelque chose, s'opposent aux qualités morales associées à l'idéal de l'honnête homme. Cette ambiguïté est au cœur du *Misanthrope*. Les personnages de Philinte et d'Alceste en offrent l'illustration. Le premier possède les qualités sociales, l'élégance et la culture intellectuelle de l'honnête homme, mais avoue lui-même dissimuler par affabilité ses opinions véritables. Le second possède l'exigence morale de l'honnête homme, mais tombe constamment dans l'extravagance et l'excès.

Les couples et les groupes: un reflet de la noblesse

L'équilibre qui existe entre les principaux couples donne à cette pièce tout son sens. Alceste et Célimène représentent un couple aux intérêts antagoniques puisque leurs caractères sont aux antipodes. Alceste, rigoriste en tout, est doué d'une grande sensibilité. Il s'emporte pour un rien et reste fidèle à ses principes. Chez lui, aucune demi-mesure n'est possible. Ce n'est pas sans raison si le titre complet de la pièce est *Le misanthrope ou l'atrabilaire amoureux*. L'atrabile, ou bile noire, telle qu'anciennement nommée par les médecins, est un fluide présumé être la cause de la mélancolie. Molière fait donc d'Alceste un individu dominé par une émotion à caractère dépressif, qui le pousse aux sautes d'humeur. Il n'est pas un être rationnel même s'il prétend corriger sa nature humaine. Dès les premières pages de la pièce, il entre dans une violente colère : « J'entre en une humeur noire, en un chagrin profond, / Quand je vois vivre entre eux les hommes comme ils font » (v. 91 et 92). Plus loin, il se dit incapable de se maîtriser : « Je n'ai point sur ma langue un assez grand empire » (v. 1574). Alceste est doté d'un caractère bouillant et passionné, qui le fait réagir d'une manière excessive. Et cette démesure se manifeste tant dans ses défauts que dans ses qualités. Sa sincérité, par exemple, n'a aucune limite. Désirant que chacun dise la vérité en toute occasion, Alceste se place lui-même en situation d'isolement par rapport au reste de la société de cour. Lorsqu'il affirme : « Je veux qu'on soit sincère, et qu'en homme d'honneur / On ne lâche aucun mot qui ne parte du cœur » (v. 35 et 36), le protagoniste* se marginalise d'une société dont les valeurs sont fondées sur l'artifice et les apparences.

Protagoniste

Personnage principal du texte.

En dépit de son caractère irascible, Alceste est amoureux. C'est d'ailleurs dans le domaine de l'amour qu'il est le plus en contradiction avec lui-même. Lui, que toute compromission rebute, cède pourtant aux charmes de Célimène, jeune femme frivole et insidieuse qui collectionne les amants. Divisé entre sa haine pour les hommes et sa passion pour Célimène, il propose à sa coquette amie d'aller vivre en ermite. Pourquoi Alceste cherche-t-il des solutions si extrêmes ? Sa misanthropie serait-elle une tactique pour éviter de souffrir ? A-t-il perdu toute confiance dans l'humanité au point de vouloir s'en écarter définitivement ?

Célimène personnifie le courtisan au féminin, habile aux manigances et peu enclin à se sentir coupable. Elle

* : *Cf.* Glossaire

est l'antithèse incarnée du misanthrope : elle préfère la compagnie des hommes plutôt que le rejet. D'aucuns diront qu'elle aime un peu trop leur fréquentation… Et contrairement à Alceste, qui cherche à s'isoler, la jeune égérie aspire à la vie en société : « La solitude, dit-elle, effraye une âme de vingt ans » (v. 1774). Le personnage appartient donc à un autre extrême, celui qui ne peut vivre sans le regard d'autrui. Sa dernière réplique résume son caractère puisque, peu après sa rupture, elle jette son dévolu sur un autre prétendant : « Voici Monsieur Du Bois, plaisamment figuré » (v. 1435).

En contrepartie, Philinte et Éliante proposent l'image d'un couple qui se distingue par sa sagesse. Ces deux personnages ne sont pas pour autant des modèles à suivre pour Molière. Philinte incarne l'honnête homme, celui qui refuse de se laisser dominer par ses passions. Bon conseiller, il tente de ramener Alceste sur le chemin de la raison. Comme il l'affirme : « La parfaite raison fuit toute extrémité » (v. 151). Cela dit, le personnage n'est pas sans défaut. Ainsi, il loue le pauvre sonnet d'Oronte et n'hésite pas à lui mentir pour demeurer poli. En outre, le mariage qu'il arrange avec Éliante n'en est pas un d'amour. C'est plutôt l'empathie qui en aurait été le motif.

Éliante est le pendant féminin de Philinte. Éprise d'Alceste, condamnant la coquetterie de sa cousine Célimène, elle consentirait à marier le misanthrope. Or, les choses ne se déroulent pas selon ses désirs et elle décide d'offrir sa main à Philinte, un choix raisonné. Notons que Molière se garde bien d'idéaliser ce couple qui préfère la raison aux passions.

Enfin, un troisième groupe, composé d'Arsinoé, d'Oronte, d'Acaste et de Clitandre, présente des variations multiples sur le thème de la courtisanerie. Molière les dépeint ironiquement dans l'intention de ridiculiser certains de ses adversaires.

Arsinoé, d'une insinuante duplicité, personnifie les faux dévots depuis longtemps ligués contre Molière.

La mascarade d'Arsinoé « va jusqu'à pervertir les sentiments puisque c'est au nom de l'amitié qu'elle tente d'accabler Célimène[3] ». La réplique suivante, dans laquelle le vocable « amitié » revient à plusieurs reprises, révèle la malice de la mondaine qui veut blesser une rivale trop populaire et bien plus jeune qu'elle, en lui révélant qu'on parle dans son dos :

> *Madame. L'amitié doit surtout éclater*
> *Aux choses qui le plus nous peuvent importer ;*
> *Et comme il n'en est point de plus grande*
> *importance*
> *Que celles de l'honneur et de la bienséance,*
> *Je viens, par un avis qui touche votre honneur,*
> *Témoigner l'amitié que pour vous a mon cœur.*
> (v. 879 à 884)

Oronte n'est pas, lui non plus, un exemple de probité. Après s'être vanté d'avoir composé des vers en un quart d'heure, sur lesquels il demande l'opinion d'Alceste qui les juge mauvais, le vaniteux poète porte sa cause en jugement. À travers Oronte, c'est un peu les précieux et leur prétention au langage soutenu que vise Molière.

Enfin, les deux marquis Acaste et Clitandre sont prisonniers d'une affectation vaniteuse ; ils accumulent les sottises et se montrent inaptes à soutenir toute conversation intelligente.

Ainsi, le succès de Molière réside pour une large part dans sa capacité à mettre en scène les mœurs du temps tout en se moquant des faiblesses observées. En utilisant tous les ressorts de la comédie, Molière divertit tout en dénonçant les contradictions et les excès d'un art de vivre sophistiqué, mais somme toute futile.

---

3. Alexis Pelletier, *Le misanthrope*, Paris, Bordas, 1991, p. 22.

Liens avec les courants et les formes littéraires

Pièce classique, *Le misanthrope* respecte les règles mises en place par l'Académie française, tant la vraisemblance*que la bienséance et la règle des trois unités*, tout en visant un effet de catharsis. Le principe d'unité d'une pièce classique a été synthétisé en 1674 par Boileau dans son *Art poétique* : « Qu'en un lieu, en un jour, un seul fait accompli / Tienne jusqu'à la fin le théâtre rempli » (règle des trois unités), de même que la règle de la bienséance : « Mais il est des objets que l'art judicieux / Doit offrir aux oreilles et reculer des yeux », de la vraisemblance, et l'effet cathartique : « Que dans tous vos discours la passion émue / Aille chercher le cœur, l'échauffe et le remue ».

Dans la pièce de Molière, la règle des trois unités est respectée : l'action principale, qui gravite autour des amours déçues d'Alceste, se déroule dans un lieu unique (le salon de Célimène) et sur à peine quelques heures. Par ailleurs, comme il s'agit d'une comédie qui n'est pas très grivoise, la bienséance est respectée puisqu'aucune scène ne nous fait pénétrer dans l'intimité des couples, aucune action troublante n'est représentée sur scène. Enfin, la pièce propose une morale dans l'esprit du siècle, soit d'éviter les positions extrêmes et de se laisser guider par la raison.

Des éléments tragiques

Certains éléments tendent à éloigner cette œuvre du registre comique. Il y a tout d'abord la situation des personnages qui n'offre pas véritablement d'issue heureuse à la pièce. Le choix que ferait Alceste d'épouser Célimène ou Éliante causerait nécessairement de la peine à l'un ou à l'autre personnage : à Éliante dans le premier cas ; à Célimène et à Philinte dans l'autre. Une

Vraisemblance

Qualité de ce qui peut sembler vrai pour la raison du spectateur, même quand cela ne l'est pas réellement.

Règle des trois unités

Principe d'unité d'une pièce classique se déclinant en trois règles : l'unité d'action (qui concentre l'action sur l'intrigue principale), l'unité de temps (qui resserre les faits dans les limites de 24 heures), l'unité de lieu (qui installe l'action dans un espace unique et polyvalent).

* : *Cf.* Glossaire

telle situation crée une tension dramatique qui laisse le spectateur perplexe.

Il y a aussi les obstacles auxquels font face les protagonistes, dont la nature s'apparente à une forme de fatalité, thématique propre à la tragédie. En effet, dans la plupart des comédies, les personnages sont confrontés à des difficultés qui leur sont extérieures (une autorité souvent tyrannique et ridicule). Dans *Le misanthrope*, ils se trouvent aux prises avec des contradictions internes, ce qu'Alceste illustre parfaitement en rejetant et en réprouvant les mœurs de ses contemporains tout en étant passionnément amoureux de Célimène – qui en est pourtant la parfaite incarnation ! Il manifeste une certaine incapacité à résoudre ce conflit, incapacité qui se manifeste par l'écart observé entre ses paroles et ses actes, ainsi que par l'indécision dont il fait preuve. Alceste ne parvient pas à échapper au « fatal amour » qu'il éprouve pour Célimène et qui le fait souffrir. Il ressemble au héros tragique qui ne contrôle pas son destin.

Enfin, le code de vie qu'impose la courtisanerie pèse sur Alceste comme une fatalité et met en danger son intégrité. Ses démêlés avec la justice laissent présager un sombre avenir : Alceste a déjà été arrêté par les maréchaux, et son valet Du Bois vient le prévenir qu'il est sur le point d'être arrêté de nouveau. Il est condamné à verser cent mille francs, ce qui est une somme colossale. Il est aussi victime d'une cabale, appuyée par Oronte, à propos d'un « livre abominable » dont il serait l'auteur. Ces éléments contribuent à créer une atmosphère oppressante et à produire l'impression d'un danger imminent.

Le misanthrope, par sa forme et son respect des codes classiques, appartient à ce qu'on a appelé la grande comédie. Rédigée en vers et en cinq actes[4] à l'instar des tragédies de Racine, *Le misanthrope* est

---

4. Plusieurs comédies de Molière, comme *Le malade imaginaire* et *Tartuffe*, se déroulent en trois actes.

considérée comme l'une de ses pièces les plus réussies, à côté de ses chefs-d'œuvre, *Tartuffe* et *Dom Juan*. Et si la pièce à la fois sérieuse et comique est appréciée, lue et montée encore aujourd'hui, c'est bien parce qu'elle demeure actuelle, en dépit de ses trois siècles d'âge, et qu'elle dépeint avec virtuosité certains pans de la nature humaine qui a, somme toute, peu changé dans le temps. Le XXIe siècle n'accorde-t-il pas encore beaucoup d'importance aux apparences ? L'époque actuelle est-elle moins hypocrite ? Jeter un coup d'œil sur la publicité, la mode, constater la popularité des chirurgies esthétiques, des régimes amaigrissants et de la culture physique nous offre un début de réponse... Il est clair qu'en posant un regard attentif sur notre monde, Molière trouverait de bien bonnes idées pour écrire des comédies de mœurs et de caractère !

Molière
en son temps

	Vie et œuvre de Molière	Événements historiques	Événements culturels et scientifiques
1600			Shakespeare, *Hamlet*.
1605			(⇨18) Développement de l'observation des astres : formulation par Kepler des lois du mouvement des planètes ; introduction de la lunette astronomique par Galilée. (⇨15) Cervantès, *Don Quichotte*.
1607			Naissance de l'opéra : Monteverdi, *Orfeo*.
1608		Fondation de la ville de Québec.	
1609			Apogée de la peinture baroque flamande : Rubens, *Adoration des mages*.
1610		Assassinat d'Henri IV. (⇨ 17) Régence de Marie de Médicis.	
1617		(⇨43) Règne de Louis XIII, le Juste.	
1622	Naissance de Jean-Baptiste Poquelin à Paris.		
1624		(⇨42) Richelieu, ministre de Louis XIII.	

	Vie et œuvre de Molière	Événements historiques	Événements culturels et scientifiques
1635		La France s'engage dans la guerre de Trente Ans.	Création de l'Académie française.
1636	Entrée au collège de Clermont.		Corneille, *Le Cid*.
1637			Développement du rationalisme français : Descartes, *Discours de la méthode*.
1642	(⇨43) Fondation de l'Illustre-Théâtre. Jean-Baptiste Poquelin devient Molière.	Fondation de Montréal.	Début du classicisme chez les peintres français : Le Brun, Poussin et de Lorrain. (⇨87) Développement des sciences mathématiques : invention de la machine à calculer par Pascal.
1643		Mort de Richelieu et de Louis XIII. (⇨61) Régence d'Anne d'Autriche et ministère de Mazarin.	
1645	Début des tournées provinciales de Molière.		
1648		(⇨52) La Fronde.	
1658	Retour de Molière à Paris.		

	Vie et œuvre de Molière	Événements historiques	Événements culturels et scientifiques
1659	Les précieuses ridicules.	Fin de la guerre de Trente Ans.	
1660	Sganarelle.		(⇒62) Pascal, Pensées.
1661		(⇒1715) Règne de Louis XIV, Roi-Soleil. Mort de Mazarin.	Début des travaux du palais de Versailles.
1662	L'école des femmes. Mariage avec Armande Béjart.		
1664	Interdiction du Tartuffe.		Racine, La thébaïde.
1665	Dom Juan.	Peste de Londres.	La Rochefoucauld, Les maximes.
1666	Le misanthrope. Le médecin malgré lui.	Mort d'Anne d'Autriche.	Boileau, Satires.
1667			Milton, Le paradis perdu.
1668	Amphitryon. George Dandin. L'avare.		La Fontaine, Fables.
1670	Le bourgeois gentilhomme.		

	Vie et œuvre de Molière	Événements historiques	Événements culturels et scientifiques
1671	*Psyché.* *Les fourberies de Scapin.*		(→1726) Mme de Sévigné, début de sa correspondance, *Lettres*.
1672	*Les femmes savantes.*		(→77) Mme de La Fayette, *La princesse de Clèves*.
1673	*Le malade imaginaire.* Mort de Molière.		Fondation de l'Académie d'architecture. Premier opéra de Lully.
1674			Boileau, *L'art poétique*.
1677			Racine, *Phèdre*.

Alceste (Dominic Darceuil), *Molière en hiver*, *d'après* Le Misanthrope *de Molière*, adaptation et mise en scène de Cristina Iovita, Théâtre de l'Utopie, 2006.

Le Misanthrope

ou

l'Atrabilaire amoureux

Molière

Personnages

ALCESTE, amant de Célimène.

PHILINTE, ami d'Alceste.

ORONTE, amant de Célimène.

CÉLIMÈNE, amante d'Alceste.

ÉLIANTE, cousine de Célimène.

ARSINOÉ, amie de Célimène.

ACASTE, CLITANDRE, marquis.

BASQUE, valet de Célimène.

UN GARDE de la maréchaussée de France.

DU BOIS, valet d'Alceste.

La scène est à Paris.

Acte 1

Scène 1

Philinte
Qu'est-ce donc ? Qu'avez-vous ?

Alceste

Laissez-moi, je vous prie.

Philinte
Mais encor dites-moi quelle bizarrerie...

Alceste
Laissez-moi là, vous dis-je, et courez vous cacher.

Philinte
Mais on entend les gens, au moins, sans se fâcher.

Alceste
5   Moi, je veux me fâcher, et ne veux point entendre.

43

PHILINTE

Dans vos brusques chagrins[1] je ne puis vous comprendre,
Et quoique amis enfin, je suis tout des premiers...

ALCESTE

Moi, votre ami ? rayez cela de vos papiers.
J'ai fait jusques ici profession[2] de l'être.
10   Mais après ce qu'en vous je viens de voir paraître,
Je vous déclare net que je ne le suis plus,
Et ne veux nulle place en des cœurs corrompus.

PHILINTE

Je suis donc bien coupable, Alceste, à votre compte[3] ?

ALCESTE

Allez, vous devriez mourir de pure honte ;
15   Une telle action ne saurait s'excuser,
Et tout homme d'honneur s'en doit scandaliser.
Je vous vois accabler un homme de caresses[4],
Et témoigner pour lui les dernières[5] tendresses ;
De protestations[6], d'offres et de serments,
20   Vous chargez[7] la fureur de vos embrassements[8] ;
Et quand je vous demande après quel est cet homme,
À peine pouvez-vous dire comme[9] il se nomme ;
Votre chaleur pour lui tombe en vous séparant,
Et vous me le traitez, à moi, d'indifférent.
25   Morbleu[10] ! c'est une chose indigne, lâche, infâme,

---

notes

1. **chagrins :** irritations, mécontentements.
2. **fait [...] profession :** déclare ouvertement.
3. **à votre compte :** à votre égard.
4. **caresses :** amabilités, soins, gentillesses.
5. **les dernières :** les plus grandes.
6. **protestations :** déclarations par lesquelles on atteste son dévouement.

7. **chargez :** exagérez.
8. **embrassements :** accolades.
9. **comme :** comment.
10. **Morbleu :** juron signifiant « par la mort de Dieu ! ». Il était défendu par l'Église de jurer par le nom de Dieu, qui a donc été remplacé par *bleu*.

De s'abaisser ainsi jusqu'à trahir son âme ;
Et si, par un malheur, j'en avais fait autant,
Je m'irais, de regret, pendre tout à l'instant.

PHILINTE
Je ne vois pas, pour moi, que le cas soit pendable,
30   Et je vous supplierai d'avoir pour agréable
Que je me fasse un peu grâce sur votre arrêt[1],
Et ne me pende pas pour cela, s'il vous plaît.

ALCESTE
Que la plaisanterie est de mauvaise grâce !

PHILINTE
Mais, sérieusement, que voulez-vous qu'on fasse ?

ALCESTE
35   Je veux qu'on soit sincère, et qu'en homme d'honneur
On ne lâche aucun mot qui ne parte du cœur.

PHILINTE
Lorsqu'un homme vous vient embrasser avec joie,
Il faut bien le payer de la même monnoie[2],
Répondre, comme on peut, à ses empressements,
40   Et rendre offre pour offre, et serments pour serments.

ALCESTE
Non, je ne puis souffrir cette lâche méthode[3]
Qu'affectent la plupart de vos gens à la mode ;
Et je ne hais rien tant que les contorsions
De tous ces grands faiseurs de protestations,
45   Ces affables donneurs d'embrassades frivoles,
Ces obligeants diseurs d'inutiles paroles,
Qui de civilités avec tous font combat,

passage analysé

notes ....

1. **arrêt**: décision de justice.   3. **méthode**: conduite.
2. **monnoie**: monnaie.

Et traitent du même air l'honnête homme[1], et le fat[2].
Quel avantage a-t-on qu'un homme vous caresse,
50 Vous jure amitié, foi, zèle[3], estime, tendresse,
Et vous[4] fasse de vous un éloge éclatant,
Lorsqu'au premier faquin[5] il court en faire autant ?
Non, non, il n'est point d'âme un peu bien située[6]
Qui veuille d'une estime ainsi prostituée ;
55 Et la plus glorieuse a des régals peu chers[7],
Dès qu'on voit qu'on nous mêle avec tout l'univers :
Sur quelque préférence une estime se fonde,
Et c'est n'estimer rien qu'estimer tout le monde.
Puisque vous y donnez, dans[8] ces vices du temps,
60 Morbleu ! vous n'êtes pas pour être de mes gens ;
Je refuse d'un cœur la vaste complaisance
Qui ne fait de mérite aucune différence ;
Je veux qu'on me distingue ; et, pour le trancher net,
L'ami du genre humain[9] n'est point du tout mon fait.

PHILINTE

65 Mais, quand on est du monde[10], il faut bien que l'on rende
Quelques dehors civils que l'usage demande.

ALCESTE

Non, vous dis-je, on devrait châtier, sans pitié,
Ce commerce[11] honteux de semblants d'amitié.
Je veux que l'on soit homme, et qu'en toute rencontre

passage analysé

notes ....

1. **honnête homme:** homme de bien, qui fait preuve de mesure et de retenue en société.
2. **fat:** idiot.
3. **zèle:** ardeur.
4. **vous:** en s'adressant à vous.
5. **faquin:** homme méprisable.
6. **bien située:** moralement élevée, noble.

7. **régals peu chers:** plaisirs sans valeur.
8. **vous y donnez, dans:** vous avez un penchant pour.
9. **L'ami du genre humain:** celui qui est l'ami de tous sans distinction.
10. **du monde:** de la bonne société.
11. **commerce:** échange.

70 Le fond de notre cœur dans nos discours se montre,
Que ce soit lui qui parle, et que nos sentiments
Ne se masquent jamais sous de vains compliments.

PHILINTE
Il est bien des endroits où la pleine franchise
Deviendrait ridicule et serait peu permise ;
75 Et parfois, n'en déplaise à votre austère honneur,
Il est bon de cacher ce qu'on a dans le cœur.
Serait-il à propos et de la bienséance[1]
De dire à mille gens tout ce que d'eux on pense ?
Et quand on a quelqu'un qu'on hait ou qui déplaît,
80 Lui doit-on déclarer la chose comme elle est ?

ALCESTE
Oui.

PHILINTE
    Quoi ? vous iriez dire à la vieille Émilie
Qu'à son âge il sied mal de faire la jolie,
Et que le blanc[2] qu'elle a scandalise chacun ?

ALCESTE
Sans doute.

PHILINTE
            À Dorilas, qu'il est trop importun,
85 Et qu'il n'est, à la Cour, oreille qu'il ne lasse
À conter sa bravoure et l'éclat de sa race[3] ?

ALCESTE
Fort bien.

notes

1. **bienséance** : obéissance aux codes de la vie mondaine.
2. **blanc** : maquillage, fond de teint.

3. **l'éclat de sa race** : la gloire de sa famille.

PHILINTE

    Vous vous moquez.

ALCESTE

                Je ne me moque point,
Et je vais n'épargner personne sur ce point.
Mes yeux sont trop blessés, et la Cour et la ville
90   Ne m'offrent rien qu'objets à m'échauffer la bile[1] ;
J'entre en une humeur noire[2], en un chagrin profond,
Quand je vois vivre entre eux les hommes comme ils font ;
Je ne trouve partout que lâche flatterie,
Qu'injustice, intérêt, trahison, fourberie ;
95   Je n'y puis plus tenir, j'enrage, et mon dessein[3]
Est de rompre en visière[4] à tout le genre humain.

PHILINTE

Ce chagrin philosophe est un peu trop sauvage,
Je ris des noirs accès[5] où je vous envisage,
Et crois voir en nous deux, sous mêmes soins nourris[6],
100   Ces deux frères que peint *L'École des maris*[7],
Dont...

ALCESTE

    Mon Dieu ! laissons là vos comparaisons fades.

PHILINTE

Non : tout de bon, quittez toutes ces incartades[8].
Le monde par vos soins ne se changera pas ;

passage analysé

notes ....

1. m'échauffer la bile : me mettre en colère.
2. humeur noire : mélancolie.
3. dessein : décision, projet.
4. rompre en visière : attaquer de face, comme le faisaient les chevaliers médiévaux qui, lors des duels, brisaient leur lance sur la visière du casque de l'adversaire.
5. accès : excès.

6. sous mêmes soins nourris : élevés de façon identique.
7. L'École des maris : comédie de Molière (1661) dans laquelle s'opposent Ariste et Sganarelle. Le premier est indulgent et s'accommode des mœurs de son temps ; le second est tyrannique et attaché aux traditions.
8. incartades : brusqueries.

Et puisque la franchise a pour vous tant d'appas[1],
105 Je vous dirai tout franc que cette maladie,
Partout où vous allez, donne la comédie[2],
Et qu'un si grand courroux[3] contre les mœurs du temps
Vous tourne en ridicule auprès de bien des gens.

ALCESTE

Tant mieux, morbleu ! tant mieux, c'est ce que je demande ;
110 Ce m'est un fort bon signe, et ma joie en est grande :
Tous les hommes me sont à tel point odieux,
Que je serais fâché d'être sage à leurs yeux.

PHILINTE

Vous voulez un grand mal à la nature humaine !

ALCESTE

Oui, j'ai conçu pour elle une effroyable haine.

PHILINTE

115 Tous les pauvres mortels, sans nulle exception,
Seront enveloppés dans cette aversion ?
Encore en est-il bien, dans le siècle où nous sommes...

ALCESTE

Non : elle est générale, et je hais tous les hommes :
Les uns, parce qu'ils sont méchants et malfaisants,
120 Et les autres, pour être aux méchants complaisants
Et n'avoir pas pour eux ces haines vigoureuses
Que doit donner le vice aux âmes vertueuses.
De cette complaisance on voit l'injuste excès
Pour le franc[4] scélérat avec qui j'ai procès :
125 Au travers de son masque on voit à plein le traître ;

passage analysé

notes..

1. **appas**: attraits.
2. **donne la comédie**: prête à rire.

3. **courroux**: colère.
4. **franc**: parfait.

Partout il est connu pour tout ce qu'il peut être ;
Et ses roulements d'yeux et son ton radouci
N'imposent[1] qu'à des gens qui ne sont point d'ici.
On sait que ce pied plat[2], digne qu'on le confonde[3],
130 Par de sales emplois s'est poussé dans le monde,
Et que par eux son sort de splendeur revêtu
Fait gronder le mérite et rougir la vertu.
Quelques titres honteux qu'en tous lieux on lui donne,
Son misérable honneur ne voit pour lui personne ;
135 Nommez-le fourbe, infâme et scélérat maudit,
Tout le monde en convient et nul n'y contredit.
Cependant sa grimace[4] est partout bienvenue :
On l'accueille, on lui rit, partout il s'insinue ;
Et s'il est, par la brigue[5], un rang à disputer,
140 Sur le plus honnête homme on le voit l'emporter.
Têtebleu[6] ! ce me sont de mortelles blessures,
De voir qu'avec le vice on garde des mesures[7] ;
Et parfois il me prend des mouvements soudains
De fuir dans un désert[8] l'approche des humains.

PHILINTE
145 Mon Dieu, des mœurs du temps mettons-nous moins en peine,
Et faisons un peu grâce à la nature humaine ;
Ne l'examinons point dans la grande rigueur[9],
Et voyons ses défauts avec quelque douceur.
Il faut, parmi le monde, une vertu traitable[10] ;
150 À force de sagesse, on peut être blâmable ;

passage analysé

notes ....

1. **N'imposent** : n'abusent.
2. **pied plat** : paysan.
3. **confonde** : démasque.
4. **grimace** : hypocrisie.
5. **brigue** : manœuvre secrète qui consiste à obtenir par faveur un avantage immérité.
6. **Têtebleu** : juron signifiant « par la tête de Dieu ! ».

7. **mesures** : précautions.
8. **désert** : lieu retiré du monde.
9. **dans la grande rigueur** : avec la plus grande sévérité.
10. **traitable** : accommodante.

La parfaite raison fuit toute extrémité,
Et veut que l'on soit sage avec sobriété.
Cette grande raideur des vertus des vieux âges[1]
Heurte trop notre siècle et les communs usages ;
155 Elle veut aux mortels trop de perfection :
Il faut fléchir au temps[2] sans obstination ;
Et c'est une folie à nulle autre seconde[3]
De vouloir se mêler de corriger le monde.
J'observe, comme vous, cent choses tous les jours,
160 Qui pourraient mieux aller, prenant un autre cours ;
Mais quoi qu'à chaque pas je puisse voir paraître,
En courroux, comme vous, on ne me voit point être ;
Je prends tout doucement les hommes comme ils sont,
J'accoutume mon âme à souffrir[4] ce qu'ils font ;
165 Et je crois qu'à la Cour, de même qu'à la ville,
Mon flegme[5] est philosophe autant que votre bile.

ALCESTE

Mais ce flegme, monsieur, qui raisonne si bien,
Ce flegme pourra-t-il ne s'échauffer de rien ?
Et s'il faut, par hasard, qu'un ami vous trahisse,
170 Que, pour avoir vos biens, on dresse un artifice,
Ou qu'on tâche à semer de méchants bruits de vous,
Verrez-vous tout cela sans vous mettre en courroux ?

PHILINTE

Oui, je vois ces défauts dont votre âme murmure
Comme vices unis à l'humaine nature ;
175 Et mon esprit enfin n'est pas plus offensé

passage analysé

notes..

1. **des vieux âges** : de l'ancien temps.
2. **fléchir au temps** : se soumettre
aux usages de son époque.
3. **à nulle autre seconde** : la plus haute qui
soit.

4. **souffrir** : supporter.
5. **flegme** : calme, impassibilité.

De voir un homme fourbe, injuste, intéressé[1],
Que de voir des vautours affamés de carnage,
Des singes malfaisants, et des loups pleins de rage.

ALCESTE

Je me verrai trahir, mettre en pièces, voler,
180 Sans que je sois... Morbleu ! je ne veux point parler,
Tant ce raisonnement est plein d'impertinence.

PHILINTE

Ma foi ! vous ferez bien de garder le silence.
Contre votre partie[2] éclatez un peu moins,
Et donnez au procès une part de vos soins.

ALCESTE

185 Je n'en donnerai point, c'est une chose dite.

PHILINTE

Mais qui voulez-vous donc qui pour vous sollicite[3] ?

ALCESTE

Qui je veux ? La raison, mon bon droit, l'équité.

PHILINTE

Aucun juge par vous ne sera visité ?

ALCESTE

Non. Est-ce que ma cause est injuste ou douteuse ?

PHILINTE

190 J'en demeure d'accord ; mais la brigue est fâcheuse[4],
Et...

passage analysé

notes ....

1. intéressé : qui n'agit que par intérêt et cupidité.
2. partie : terme juridique qui désigne l'adversaire dans un procès.

3. sollicite : fasse des démarches pour amadouer les juges.
4. fâcheuse : pouvant avoir des conséquences néfastes.

ALCESTE

Non : j'ai résolu de n'en pas faire un pas.
J'ai tort, ou j'ai raison.

PHILINTE

Ne vous y fiez pas.

ALCESTE

Je ne remuerai point.

PHILINTE

Votre partie est forte,
Et peut, par sa cabale[1], entraîner...

ALCESTE

Il n'importe.

PHILINTE

195 Vous vous tromperez.

ALCESTE

Soit. J'en veux voir le succès.

PHILINTE

Mais...

ALCESTE

J'aurai le plaisir de perdre mon procès.

PHILINTE

Mais enfin...

ALCESTE

Je verrai, dans cette plaiderie[2],
Si les hommes auront assez d'effronterie,

passage analysé

notes...

1. cabale : complot.

2. plaiderie : procès (le terme est connoté de mépris à l'endroit des avocats qui bavardent).

53

200 Seront assez méchants, scélérats et pervers,
Pour me faire injustice aux yeux de l'univers.

PHILINTE
Quel homme !

ALCESTE
Je voudrais, m'en coûtât-il grand-chose,
Pour la beauté du fait avoir perdu ma cause.

PHILINTE
On se rirait de vous, Alceste, tout de bon,
Si l'on vous entendait parler de la façon[1].

ALCESTE
205 Tant pis pour qui rirait.

PHILINTE
Mais cette rectitude[2]
Que vous voulez en tout avec exactitude,
Cette pleine droiture où vous vous renfermez,
La trouvez-vous ici dans ce que vous aimez ?
Je m'étonne, pour moi, qu'étant, comme il le semble,
210 Vous et le genre humain si fort brouillés ensemble,
Malgré tout ce qui peut vous le rendre odieux,
Vous ayez pris chez lui ce qui charme vos yeux ;
Et ce qui me surprend encore davantage,
C'est cet étrange choix où votre cœur s'engage.
215 La sincère Éliante a du penchant pour vous,
La prude Arsinoé vous voit d'un œil fort doux :
Cependant à leurs vœux votre âme se refuse,
Tandis qu'en ses liens Célimène l'amuse[3],

passage analysé

notes

1. **de la façon :** de cette façon.
2. **rectitude :** inflexibilité.

3. **amuse :** abuse par de fausses apparences.

De qui l'humeur coquette et l'esprit médisant
220 Semble si fort donner dans les mœurs d'à présent.
D'où vient que, leur portant une haine mortelle,
Vous pouvez bien souffrir ce qu'en tient cette belle[1] ?
Ne sont-ce plus défauts dans un objet[2] si doux ?
Ne les voyez-vous pas ? ou les excusez-vous ?

ALCESTE
225 Non, l'amour que je sens pour cette jeune veuve
Ne ferme point mes yeux aux défauts qu'on lui treuve[3],
Et je suis, quelque ardeur qu'elle m'ait pu donner,
Le premier à les voir, comme à les condamner.
Mais, avec tout cela, quoi que je puisse faire,
230 Je confesse mon faible, elle a l'art de me plaire :
J'ai beau voir ses défauts, et j'ai beau l'en blâmer,
En dépit qu'on en ait[4], elle se fait aimer ;
Sa grâce est la plus forte ; et sans doute ma flamme
De ces vices du temps pourra purger son âme.

PHILINTE
235 Si vous faites cela, vous ne ferez pas peu.
Vous croyez être donc aimé d'elle ?

ALCESTE
                                        Oui, parbleu[5] !
Je ne l'aimerais pas, si je ne croyais l'être.

PHILINTE
Mais si son amitié pour vous se fait paraître,
D'où vient que vos rivaux vous causent de l'ennui ?

notes

1. ce qu'en tient cette belle : ce en quoi elle se conforme à ces mœurs.
2. objet : personne aimée.
3. treuve : trouve.
4. En dépit qu'on en ait : quoi qu'on fasse.
5. parbleu : juron signifiant « par Dieu ! ».

passage analysé

ALCESTE

240 C'est qu'un cœur bien atteint veut qu'on soit tout à lui,
Et je ne viens ici qu'à dessein de lui dire
Tout ce que là-dessus ma passion m'inspire.

PHILINTE

Pour moi, si je n'avais qu'à former des désirs,
La cousine Éliante aurait tous mes soupirs ;
245 Son cœur, qui vous estime, est solide et sincère,
Et ce choix plus conforme était mieux votre affaire.

ALCESTE

Il est vrai : ma raison me le dit chaque jour ;
Mais la raison n'est pas ce qui règle l'amour.

PHILINTE

Je crains fort pour vos feux ; et l'espoir où vous êtes
250 Pourrait...

Scène 2   ORONTE, ALCESTE, PHILINTE

ORONTE
     J'ai su là-bas[1] que, pour quelques emplettes,
Éliante est sortie, et Célimène aussi ;
Mais comme l'on m'a dit que vous étiez ici,
J'ai monté pour vous dire, et d'un cœur véritable[2],
Que j'ai conçu pour vous une estime incroyable,
255 Et que, depuis longtemps, cette estime m'a mis
Dans un ardent désir d'être de vos amis.
Oui, mon cœur au mérite aime à rendre justice
Et je brûle qu'un nœud d'amitié nous unisse :
Je crois qu'un ami chaud[3], et de ma qualité[4],
260 N'est pas assurément pour être rejeté.
*(En cet endroit Alceste paraît tout rêveur, et semble n'entendre pas
qu'Oronte lui parle.)*
C'est à vous, s'il vous plaît, que ce discours s'adresse.

ALCESTE
À moi, monsieur ?

ORONTE
     À vous. Trouvez-vous qu'il vous blesse ?

ALCESTE
Non pas ; mais la surprise est fort grande pour moi,
Et je n'attendais pas l'honneur que je reçoi.

ORONTE
265 L'estime où je vous tiens ne doit point vous surprendre,
Et de tout l'univers vous la pouvez prétendre[5].

notes
....

1. **là-bas** : en bas.
2. **d'un cœur véritable** : avec sincérité.
3. **chaud** : chaleureux.

4. **qualité** : condition sociale noble.
5. **prétendre** : revendiquer.

ALCESTE
Monsieur...

ORONTE
            L'État n'a rien qui ne soit au-dessous
Du mérite éclatant que l'on découvre en vous.

ALCESTE
Monsieur...

ORONTE
            Oui, de ma part, je vous tiens préférable
270   À tout ce que j'y vois de plus considérable.

ALCESTE
Monsieur...

ORONTE
            Sois-je du Ciel écrasé, si je mens !
Et pour vous confirmer ici mes sentiments,
Souffrez qu'à cœur ouvert, monsieur, je vous embrasse,
Et qu'en votre amitié je vous demande place.
275   Touchez là[1], s'il vous plaît. Vous me la promettez,
Votre amitié ?

ALCESTE
                    Monsieur...

ORONTE
                            Quoi ? vous y résistez ?

ALCESTE
Monsieur, c'est trop d'honneur que vous me voulez faire ;
Mais l'amitié demande un peu plus de mystère,
Et c'est assurément en profaner le nom
280   Que de vouloir le mettre à toute occasion.

note ....

| **1. Touchez là :** prenez ma main en signe d'accord.

Avec lumière et choix cette union veut naître ;
Avant que nous lier, il faut nous mieux connaître ;
Et nous pourrions avoir telles complexions,
Que tous deux du marché nous nous repentirions.

ORONTE

285 Parbleu ! c'est là-dessus parler en homme sage,
Et je vous en estime encore davantage :
Souffrons donc que le temps forme des nœuds si doux ;
Mais, cependant[1], je m'offre entièrement à vous :
S'il faut faire à la Cour pour vous quelque ouverture[2],
290 On sait qu'auprès du Roi je fais quelque figure[3] ;
Il m'écoute ; et dans tout il en use, ma foi !
Le plus honnêtement du monde avecque[4] moi.
Enfin je suis à vous de toutes les manières ;
Et comme votre esprit a de grandes lumières,
295 Je viens, pour commencer entre nous ce beau nœud,
Vous montrer un sonnet que j'ai fait depuis peu,
Et savoir s'il est bon qu'au public je l'expose.

ALCESTE

Monsieur, je suis mal propre à[5] décider la chose ;
Veuillez m'en dispenser.

ORONTE

Pourquoi ?

ALCESTE

J'ai le défaut
300 D'être un peu plus sincère en cela qu'il ne faut.

notes

1. **cependant:** pendant ce temps.
2. **ouverture:** moyen d'arriver (à la cour).
3. **je fais quelque figure:** je fais bonne impression.
4. **avecque:** forme archaïque du mot *avec.*
5. **mal propre à:** peu qualifié pour.

ORONTE

C'est ce que je demande, et j'aurais lieu de plainte,
Si, m'exposant à vous pour me parler sans feinte,
Vous alliez me trahir, et me déguiser rien.

ALCESTE

Puisqu'il vous plaît ainsi, monsieur, je le veux bien.

ORONTE

305 *Sonnet...* C'est un sonnet. *L'espoir...* C'est une dame
Qui de quelque espérance avait flatté ma flamme.
L'espoir... Ce ne sont point de ces grands vers pompeux,
Mais de petits vers doux, tendres et langoureux.
(À toutes ces interruptions il regarde Alceste.)

ALCESTE

Nous verrons bien.

ORONTE

        L'espoir... Je ne sais si le style
310 Pourra vous en paraître assez net et facile,
Et si du choix des mots vous vous contenterez.

ALCESTE

Nous allons voir, monsieur.

ORONTE

        Au reste, vous saurez
Que je n'ai demeuré qu'un quart d'heure à le faire.

ALCESTE

Voyons, monsieur ; le temps ne fait rien à l'affaire.

ORONTE

315
L'espoir, il est vrai, nous soulage
Et nous berce un temps notre ennui
Mais, Philis, le triste avantage,
Lorsque rien ne marche après lui !

PHILINTE
Je suis déjà charmé de ce petit morceau.

ALCESTE, *bas.*
320 Quoi ? vous avez le front de trouver cela beau ?

ORONTE

Vous eûtes de la complaisance ;
Mais vous en deviez moins avoir,
Et ne vous pas mettre en dépense
Pour ne me donner que l'espoir.

PHILINTE
325 Ah ! qu'en termes galants ces choses-là sont mises !

ALCESTE, *bas.*
Morbleu ! vil complaisant, vous louez des sottises ?

ORONTE

S'il faut qu'une attente éternelle
Pousse à bout l'ardeur de mon zèle,
Le trépas sera mon recours.
330 Vos soins ne m'en peuvent distraire :
Belle Philis, on désespère,
Alors qu'on espère toujours.

PHILINTE
La chute[1] en est jolie, amoureuse, admirable.

note ....

| 1. **chute:** fin du poème.

ALCESTE, *bas.*
La peste de ta chute ! Empoisonneur au diable[1],
335   En eusses-tu fait une à te casser le nez !

PHILINTE
Je n'ai jamais ouï[2] de vers si bien tournés.

ALCESTE
Morbleu !...

ORONTE
              Vous me flattez, et vous croyez peut-être...

PHILINTE
Non, je ne flatte point.

ALCESTE, *bas.*
              Et que fais-tu donc, traître ?

ORONTE, *à Alceste.*
Mais, pour vous, vous savez quel est notre traité :
340   Parlez-moi, je vous prie, avec sincérité.

ALCESTE
Monsieur, cette matière est toujours délicate,
Et sur le bel esprit nous aimons qu'on nous flatte.
Mais un jour, à quelqu'un, dont je tairai le nom,
Je disais, en voyant des vers de sa façon,
345   Qu'il faut qu'un galant homme[3] ait toujours grand empire[4]
Sur les démangeaisons qui nous prennent d'écrire ;
Qu'il doit tenir la bride[5] aux grands empressements
Qu'on a de faire éclat de tels amusements ;
Et que, par la chaleur[6] de montrer ses ouvrages,
350   On s'expose à jouer de mauvais personnages.

notes

1. **au diable :** digne d'être envoyé au diable.
2. **ouï :** entendu.
3. **galant homme :** homme de qualité.
4. **empire :** maîtrise.
5. **tenir la bride :** refréner, modérer.
6. **chaleur :** désir.

ORONTE
Est-ce que vous voulez me déclarer par là,
Que j'ai tort de vouloir... ?

ALCESTE
Je ne dis pas cela ;
Mais je lui disais, moi, qu'un froid[1] écrit assomme,
Qu'il ne faut que ce faible à[2] décrier un homme,
355   Et qu'eût-on, d'autre part, cent belles qualités,
On regarde les gens par leurs méchants côtés.

ORONTE
Est-ce qu'à mon sonnet vous trouvez à redire ?

ALCESTE
Je ne dis pas cela ; mais, pour ne point écrire,
Je lui mettais aux yeux comme, dans notre temps,
360   Cette soif a gâté[3] de fort honnêtes gens.

ORONTE
Est-ce que j'écris mal ? et leur ressemblerais-je ?

ALCESTE
Je ne dis pas cela ; mais enfin, lui disais-je,
Quel besoin si pressant avez-vous de rimer ?
Et qui diantre vous pousse à vous faire imprimer ?
365   Si l'on peut pardonner l'essor[4] d'un mauvais livre,
Ce n'est qu'aux malheureux qui composent pour vivre.
Croyez-moi, résistez à vos tentations,
Dérobez au public ces occupations ;
Et n'allez point quitter, de quoi que l'on vous somme,
370   Le nom que dans la Cour vous avez d'honnête homme,
Pour prendre, de la main d'un avide imprimeur,

notes

1. froid : plat, qui n'arrive pas à émouvoir.
2. il ne faut que ce faible à : cette faiblesse
suffit à.

3. gâté : ruiné la réputation de.
4. essor : publication.

Celui de ridicule et misérable auteur.
C'est ce que je tâchai de lui faire comprendre.

ORONTE

Voilà qui va fort bien, et je crois vous entendre[1].
375   Mais ne puis-je savoir ce que dans mon sonnet... ?

ALCESTE

Franchement, il est bon à mettre au cabinet[2].
Vous vous êtes réglé sur de méchants modèles,
Et vos expressions ne sont point naturelles.
    Qu'est-ce que *Nous berce un temps notre ennui* ?
380   Et que *Rien ne marche après lui* ?
    Que *Ne vous pas mettre en dépense,*
    Pour ne me donner que l'espoir ?
    Et que *Philis, on désespère,*
    Alors qu'on espère toujours ?
385   Ce style figuré[3], dont on fait vanité,
Sort du bon caractère et de la vérité :
Ce n'est que jeu de mots, qu'affectation[4] pure,
Et ce n'est point ainsi que parle la nature.
Le méchant goût du siècle, en cela, me fait peur.
390   Nos pères, tous grossiers, l'avaient beaucoup meilleur,
Et je prise[5] bien moins tout ce que l'on admire,
Qu'une vieille chanson que je m'en vais vous dire :
    Si le roi m'avait donné
    Paris, sa grand'ville,
395   *Et qu'il me fallût quitter*
    L'amour de ma mie,

notes ....

1. entendre : comprendre.
2. cabinet : buffet à plusieurs tiroirs, dans lequel on enferme des choses précieuses ou tenues secrètes.
3. style figuré : qui a recours à de nombreuses figures de style.

4. affectation : tentative d'imitation. Le sonnet est donc faussement poétique, selon Alceste.
5. prise : estime.

> *Je dirais au roi Henri :*
> *« Reprenez votre Paris :*
> *J'aime mieux ma mie, au gué !*
> *J'aime mieux ma mie. »*

400 La rime n'est pas riche, et le style en est vieux :
Mais ne voyez-vous pas que cela vaut bien mieux
Que ces colifichets[1], dont le bon sens murmure,
Et que la passion parle là toute pure ?

405 > *Si le roi m'avait donné*
> *Paris, sa grand'ville,*
> *Et qu'il me fallût quitter*
> *L'amour de ma mie,*
> *Je dirais au roi Henri :*
410 > *« Reprenez votre Paris :*
> *J'aime mieux ma mie, au gué !*
> *J'aime mieux ma mie. »*

Voilà ce que peut dire un cœur vraiment épris.
(À Philinte.)
Oui, monsieur le rieur, malgré vos beaux esprits,
415 J'estime plus cela que la pompe[2] fleurie
De tous ces faux brillants, où chacun se récrie[3].

ORONTE
Et moi, je vous soutiens que mes vers sont fort bons.

ALCESTE
Pour les trouver ainsi vous avez vos raisons ;
Mais vous trouverez bon que j'en puisse avoir d'autres,
420 Qui se dispenseront de se soumettre aux vôtres.

ORONTE
Il me suffit de voir que d'autres en font cas.

notes..

1. **colifichets :** ornements décoratifs sans valeur.
2. **pompe :** style éclatant, surenchère (connotation péjorative).

3. **où chacun se récrie :** que chacun admire avec de grandes exclamations.

65

ALCESTE
C'est qu'ils ont l'art de feindre ; et moi, je ne l'ai pas.

ORONTE
Croyez-vous donc avoir tant d'esprit en partage ?

ALCESTE
Si je louais vos vers, j'en aurais davantage.

ORONTE
425   Je me passerai bien que vous les approuviez.

ALCESTE
Il faut bien, s'il vous plaît, que vous vous en passiez.

ORONTE
Je voudrais bien, pour voir, que, de votre manière,
Vous en composassiez sur la même matière.

ALCESTE
J'en pourrais, par malheur, faire d'aussi méchants ;
430   Mais je me garderais de les montrer aux gens.

ORONTE
Vous me parlez bien ferme, et cette suffisance...

ALCESTE
Autre part que chez moi cherchez qui vous encense.

ORONTE
Mais, mon petit monsieur, prenez-le un peu moins haut.

ALCESTE
Ma foi ! mon grand monsieur, je le prends comme il faut.

PHILINTE, *se mettant entre deux.*
435   Eh ! messieurs, c'en est trop : laissez cela, de grâce.

ORONTE
Ah ! j'ai tort, je l'avoue, et je quitte la place.
Je suis votre valet, monsieur, de tout mon cœur.

ALCESTE
Et moi, je suis, monsieur, votre humble serviteur.

Scène 3   PHILINTE, ALCESTE

PHILINTE
Hé bien ! vous le voyez : pour être trop sincère,
440   Vous voilà sur les bras une fâcheuse affaire ;
Et j'ai bien vu qu'Oronte, afin d'être flatté...

ALCESTE
Ne me parlez pas.

PHILINTE
                    Mais...

ALCESTE
                         Plus de société[1].

PHILINTE
C'est trop...

ALCESTE
                Laissez-moi là.

PHILINTE
                         Si je...

ALCESTE
                              Point de langage.

note ....

| 1. **Plus de société** : laissez-moi seul.

67

PHILINTE
Mais quoi ?

ALCESTE
Je n'entends rien.

PHILINTE
Mais...

ALCESTE
Encore ?

PHILINTE
On outrage...

ALCESTE
445 Ah, parbleu ! c'en est trop ; ne suivez point mes pas.

PHILINTE
Vous vous moquez de moi, je ne vous quitte pas.

Acte II

Scène 1

ALCESTE, CÉLIMÈNE

ALCESTE
Madame, voulez-vous que je vous parle net ?
De vos façons d'agir je suis mal[1] satisfait ;
Contre elles dans mon cœur trop de bile s'assemble,
450 Et je sens qu'il faudra que nous rompions ensemble.
Oui, je vous tromperais de parler autrement ;
Tôt ou tard nous romprons indubitablement ;
Et je vous promettrais mille fois le contraire,
Que je ne serais pas en pouvoir de le faire.

CÉLIMÈNE
455 C'est pour me quereller donc, à ce que je voi,
Que vous avez voulu me ramener chez moi ?

note ....
| 1. mal : peu.

ALCESTE

Je ne querelle point ; mais votre humeur, madame,
Ouvre au premier venu trop d'accès dans votre âme :
Vous avez trop d'amants qu'on voit vous obséder[1],
460 Et mon cœur de cela ne peut s'accommoder.

CÉLIMÈNE

Des amants que je fais me rendez-vous coupable ?
Puis-je empêcher les gens de me trouver aimable ?
Et lorsque pour me voir ils font de doux efforts,
Dois-je prendre un bâton pour les mettre dehors ?

ALCESTE

465 Non, ce n'est pas, madame, un bâton qu'il faut prendre,
Mais un cœur à leurs vœux moins facile et moins tendre.
Je sais que vos appas vous suivent en tous lieux ;
Mais votre accueil retient ceux qu'attirent vos yeux ;
Et sa douceur offerte à qui vous rend les armes[2]
470 Achève sur les cœurs l'ouvrage de vos charmes.
Le trop riant espoir que vous leur présentez
Attache autour de vous leurs assiduités ;
Et votre complaisance un peu moins étendue
De tant de soupirants chasserait la cohue.
475 Mais au moins dites-moi, madame, par quel sort
Votre Clitandre a l'heur[3] de vous plaire si fort ?
Sur quel fonds de mérite et de vertu sublime
Appuyez-vous en lui l'honneur de votre estime ?
Est-ce par l'ongle long qu'il porte au petit doigt
480 Qu'il s'est acquis chez vous l'estime où l'on le voit ?

notes ....

1. **obséder**: assiéger.
2. **à qui vous rend les armes**: à l'amant qui se déclare vaincu par vos attraits.

3. **heur**: bonheur.

Vous êtes-vous rendue, avec tout le beau monde,
Au mérite éclatant de sa perruque blonde ?
Sont-ce ses grands canons[1] qui vous le font aimer ?
L'amas de ses rubans a-t-il su vous charmer ?
485 Est-ce par les appas de sa vaste rhingrave[2]
Qu'il a gagné votre âme en faisant votre esclave ?
Ou sa façon de rire et son ton de fausset[3]
Ont-ils de vous toucher su trouver le secret ?

CÉLIMÈNE
Qu'injustement de lui vous prenez de l'ombrage[4] !
490 Ne savez-vous pas bien pourquoi je le ménage,
Et que dans mon procès, ainsi qu'il m'a promis,
Il peut intéresser tout ce qu'il a d'amis ?

ALCESTE
Perdez votre procès, madame, avec constance,
Et ne ménagez point un rival qui m'offense.

CÉLIMÈNE
495 Mais de tout l'univers vous devenez jaloux.

ALCESTE
C'est que tout l'univers est bien reçu de vous.

CÉLIMÈNE
C'est ce qui doit rasseoir votre âme effarouchée[5],
Puisque ma complaisance est sur tous épanchée[6] ;
Et vous auriez plus lieu de vous en offenser,
500 Si vous me la voyiez sur un seul ramasser.

notes

1. **canons :** ornement de toile rond et de dentelles, qu'on attache au-dessus du genou et qui pend jusqu'à mi-jambe.
2. **rhingrave :** haut-de-chausses ample, attaché par le bas avec plusieurs rubans.
3. **fausset :** voix aiguë.

4. **vous prenez de l'ombrage :** vous manifestez de la jalousie.
5. **effarouchée :** sauvage.
6. **épanchée :** répandue.

ALCESTE

Mais moi, que vous blâmez de trop de jalousie,
Qu'ai-je de plus qu'eux tous, madame, je vous prie ?

CÉLIMÈNE

Le bonheur de savoir que vous êtes aimé.

ALCESTE

Et quel lieu de le croire a mon cœur enflammé ?

CÉLIMÈNE

505 Je pense qu'ayant pris le soin de vous le dire,
Un aveu de la sorte a de quoi vous suffire.

ALCESTE

Mais qui m'assurera que, dans le même instant,
Vous n'en disiez peut-être aux autres tout autant ?

CÉLIMÈNE

Certes, pour un amant, la fleurette[1] est mignonne,
510 Et vous me traitez là de gentille personne[2].
Hé bien ! pour vous ôter d'un semblable souci,
De tout ce que j'ai dit je me dédis ici,
Et rien ne saurait plus vous tromper que vous-même :
Soyez content.

ALCESTE

                    Morbleu ! faut-il que je vous aime ?
515 Ah ! que si de vos mains je rattrape mon cœur,
Je bénirai le Ciel de ce rare bonheur !
Je ne le cèle pas, je fais tout mon possible
À rompre de ce cœur l'attachement terrible ;
Mais mes plus grands efforts n'ont rien fait jusqu'ici,
520 Et c'est pour mes péchés que je vous aime ainsi.

notes
....

| 1. fleurette : propos galants. | 2. gentille personne : personne distinguée.

CÉLIMÈNE
Il est vrai, votre ardeur est pour moi sans seconde[1].

ALCESTE
Oui, je puis là-dessus défier tout le monde.
Mon amour ne se peut concevoir, et jamais
Personne n'a, madame, aimé comme je fais.

CÉLIMÈNE
525   En effet, la méthode en est toute nouvelle,
Car vous aimez les gens pour leur faire querelle ;
Ce n'est qu'en mots fâcheux qu'éclate votre ardeur,
Et l'on n'a vu jamais un amour si grondeur.

ALCESTE
Mais il ne tient qu'à vous que son chagrin ne passe.
530   À tous nos démêlés coupons chemin, de grâce,
Parlons à cœur ouvert, et voyons d'arrêter...

Scène 2   CÉLIMÈNE, ALCESTE, BASQUE

CÉLIMÈNE
Qu'est-ce ?

BASQUE
              Acaste est là-bas.

CÉLIMÈNE
                        Hé bien ! faites monter.

ALCESTE
Quoi ? l'on ne peut jamais vous parler tête à tête ?
À recevoir le monde on vous voit toujours prête ?

note ....

| **1. sans seconde**: la plus haute.

535 Et vous ne pouvez pas, un seul moment de tous,
Vous résoudre à souffrir de n'être pas chez vous ?

CÉLIMÈNE
Voulez-vous qu'avec lui je me fasse une affaire[1] ?

ALCESTE
Vous avez des regards qui ne sauraient me plaire.

CÉLIMÈNE
C'est un homme à jamais ne me le pardonner,
540 S'il savait que sa vue eût pu m'importuner.

ALCESTE
Et que vous fait cela pour vous gêner de sorte[2]... ?

CÉLIMÈNE
Mon Dieu ! de ses pareils la bienveillance importe ;
Et ce sont de ces gens qui, je ne sais comment,
Ont gagné dans la Cour de parler hautement.
545 Dans tous les entretiens on les voit s'introduire ;
Ils ne sauraient servir, mais ils peuvent vous nuire ;
Et jamais, quelque appui qu'on puisse avoir d'ailleurs,
On ne doit se brouiller avec ces grands brailleurs.

ALCESTE
Enfin, quoi qu'il en soit, et sur quoi qu'on se fonde,
550 Vous trouvez des raisons pour souffrir tout le monde ;
Et les précautions de votre jugement...

notes

1. je me fasse une affaire : je crée une querelle.

2. pour vous gêner de sorte : pour que vous vous tourmentiez l'esprit de cette façon.

Scène 3   Basque, Alceste, Célimène

Basque
Voici Clitandre encor, madame.

Alceste *(Il témoigne s'en vouloir aller.)*
                                    Justement.

Célimène
Où courez-vous ?

Alceste
                    Je sors.

Célimène
                                Demeurez.

Alceste
                                        Pourquoi faire ?

Célimène
Demeurez.

Alceste
            Je ne puis.

Célimène
                        Je le veux.

Alceste
                                    Point d'affaire[1].
555 Ces conversations ne font que m'ennuyer,
Et c'est trop que vouloir me les faire essuyer[2].

Célimène
Je le veux, je le veux.

notes...

| **1. Point d'affaire :** c'est inutile. | **2. essuyer :** endurer.

75

ALCESTE

Non, il m'est impossible.

CÉLIMÈNE

Hé bien, allez, sortez, il vous est tout loisible.

Scène 4

ÉLIANTE, PHILINTE, ACASTE, CLITANDRE, ALCESTE, CÉLIMÈNE, BASQUE

ÉLIANTE

Voici les deux marquis qui montent avec nous :
560 Vous l'est-on venu dire ?

CÉLIMÈNE

Oui. Des sièges pour tous.
(À Alceste.)
Vous n'êtes pas sorti ?

ALCESTE

Non ; mais je veux, madame,
Ou pour eux, ou pour moi, faire expliquer[1] votre âme.

CÉLIMÈNE
Taisez-vous.

ALCESTE

Aujourd'hui, vous vous expliquerez.

CÉLIMÈNE
Vous perdez le sens.

ALCESTE

Point. Vous vous déclarerez.

note ....

1. **faire expliquer :** faire déclarer clairement
et ouvertement.

CÉLIMÈNE

565 Ah !

ALCESTE

    Vous prendrez parti.

CÉLIMÈNE

                   Vous vous moquez, je pense.

ALCESTE

Non, mais vous choisirez : c'est trop de patience.

CLITANDRE

Parbleu ! je viens du Louvre, où Cléonte, au levé[1],
Madame, a bien paru ridicule achevé.
N'a-t-il point quelque ami qui pût, sur ses manières,
570 D'un charitable avis lui prêter les lumières ?

CÉLIMÈNE

Dans le monde, à vrai dire, il se barbouille[2] fort ;
Partout il porte un air qui saute aux yeux[3] d'abord,
Et lorsqu'on le revoit après un peu d'absence,
On le retrouve encor plus plein d'extravagance.

ACASTE

575 Parbleu ! s'il faut parler de gens extravagants,
Je viens d'en essuyer un des plus fatigants :
Damon, le raisonneur[4], qui m'a, ne vous déplaise,
Une heure, au grand soleil, tenu hors de ma chaise.

CÉLIMÈNE

C'est un parleur étrange, et qui trouve toujours
580 L'art de ne vous rien dire avec de grands discours ;

passage analysé

notes..

1. au levé : il s'agit du « petit levé » du roi, cérémonie ouverte à un nombre restreint de privilégiés. Le « petit levé » précède le « grand levé », une fois que le roi a fait sa toilette.

2. barbouille : se rend ridicule.
3. saute aux yeux : surprend.
4. raisonneur : bavard.

Acaste, Célimène, Oronte et Basque (Thomas Perreault, Brigitte Pogonat, Érick Tremblay, Costa Tovarnisky), *Le Misanthrope de Molière*, *Molière en hiver*, d'après *Le Misanthrope de Molière*, adaptation et mise en scène de Cristina Iovita, Théâtre de l'Utopie, 2006.

Dans les propos qu'il tient, on ne voit jamais goutte[1],
Et ce n'est que du bruit que tout ce qu'on écoute.

ÉLIANTE, *à Philinte.*
Ce début n'est pas mal ; et contre le prochain
La conversation prend un assez bon train.

CLITANDRE
585 Timante encor, madame, est un bon caractère[2].

CÉLIMÈNE
C'est de la tête aux pieds un homme tout mystère,
Qui vous jette en passant un coup d'œil égaré,
Et, sans aucune affaire, est toujours affairé.
Tout ce qu'il vous débite en grimaces[3] abonde ;
590 À force de façons[4], il assomme le monde ;
Sans cesse il a, tout bas, pour rompre l'entretien,
Un secret à vous dire, et ce secret n'est rien ;
De la moindre vétille[5] il fait une merveille,
Et jusques au bonjour, il dit tout à l'oreille.

ACASTE
595 Et Géralde, madame ?

CÉLIMÈNE
                            Ô l'ennuyeux conteur !
Jamais on ne le voit sortir du grand seigneur[6] ;
Dans le brillant commerce il se mêle sans cesse,
Et ne cite jamais que duc, prince ou princesse :
La qualité l'entête ; et tous ses entretiens
600 Ne sont que de chevaux, d'équipage et de chiens ;

passage analysé

notes

1. **on ne voit jamais goutte :** on ne comprend rien.
2. **caractère :** type humain qu'il est intéressant de décrire.
3. **grimaces :** manières.
4. **façons :** manières affectées.
5. **vétille :** futilité.
6. **sortir du grand seigneur :** avoir d'autres sujets de conversation que des personnes de la haute noblesse.

Il tutaye[1] en parlant ceux du plus haut étage,
Et le nom de monsieur est chez lui hors d'usage.

CLITANDRE

On dit qu'avec Bélise il est du dernier bien.

CÉLIMÈNE

Le pauvre esprit de femme, et le sec entretien[2] !
Lorsqu'elle vient me voir, je souffre le martyre :
Il faut suer sans cesse à chercher que lui dire,
Et la stérilité de son expression
Fait mourir à tous coups la conversation.
En vain, pour attaquer son stupide silence,
De tous les lieux communs vous prenez l'assistance :
Le beau temps et la pluie, et le froid et le chaud
Sont des fonds qu'avec elle on épuise bientôt.
Cependant sa visite, assez insupportable,
Traîne en une longueur encore épouvantable ;
Et l'on demande l'heure, et l'on bâille vingt fois,
Qu'elle grouille aussi peu qu'une pièce de bois.

ACASTE

Que vous semble d'Adraste ?

CÉLIMÈNE

                                    Ah ! quel orgueil extrême !
C'est un homme gonflé de l'amour de soi-même.
Son mérite jamais n'est content de la Cour :
Contre elle il fait métier de pester chaque jour,
Et l'on ne donne emploi, charge ni bénéfice[3],
Qu'à tout ce qu'il se croit on ne fasse injustice[4].

passage analysé

605

610

615

620

notes

1. **tutaye :** tutoie.
2. **sec entretien :** manque de conversation.
3. **emploi, charge ni bénéfice :** l'emploi est une charge temporaire ; la charge est permanente ; le bénéfice est un titre ecclésiastique.

4. **Qu'à tout ce qu'il se croit on ne fasse injustice :** sans que l'on soit injuste avec toutes les qualités qu'il s'attribue.

CLITANDRE
Mais le jeune Cléon, chez qui vont aujourd'hui
Nos plus honnêtes gens, que dites-vous de lui ?

CÉLIMÈNE
625 Que de son cuisinier il s'est fait un mérite,
Et que c'est à sa table à qui l'on rend visite.

ÉLIANTE
Il prend soin d'y servir des mets fort délicats.

CÉLIMÈNE
Oui ; mais je voudrais bien qu'il ne s'y servît pas :
C'est un fort méchant plat que sa sotte personne,
630 Et qui gâte, à mon goût, tous les repas qu'il donne.

PHILINTE
On fait assez de cas de son oncle Damis :
Qu'en dites-vous, madame ?

CÉLIMÈNE
                                         Il est de mes amis.

PHILINTE
Je le trouve honnête homme, et d'un air assez sage.

CÉLIMÈNE
Oui ; mais il veut avoir trop d'esprit, dont j'enrage ;
635 Il est guindé[1] sans cesse ; et dans tous ses propos,
On voit qu'il se travaille[2] à dire de bons mots.
Depuis que dans la tête il s'est mis d'être habile[3],
Rien ne touche son goût, tant il est difficile ;
Il veut voir des défauts à tout ce qu'on écrit,
640 Et pense que louer n'est pas d'un bel esprit,
Que c'est être savant que trouver à redire,

notes..

1. guindé: qui manque de naturel et affecte un air supérieur.

2. se travaille: se torture.

3. habile: cultivé, savant.

passage analysé

Qu'il n'appartient qu'aux sots d'admirer et de rire,
Et qu'en n'approuvant rien des ouvrages du temps,
Il se met au-dessus de tous les autres gens ;
645 Aux conversations même il trouve à reprendre :
Ce sont propos trop bas pour y daigner descendre ;
Et les deux bras croisés, du haut de son esprit
Il regarde en pitié tout ce que chacun dit.

ACASTE

Dieu me damne, voilà son portrait véritable.

CLITANDRE

650 Pour bien peindre les gens vous êtes admirable.

ALCESTE

Allons, ferme, poussez[1], mes bons amis de Cour ;
Vous n'en épargnez point, et chacun a son tour :
Cependant aucun d'eux à vos yeux ne se montre,
Qu'on ne vous voie, en hâte, aller à sa rencontre,
655 Lui présenter la main, et d'un baiser flatteur
Appuyer les serments d'être son serviteur.

CLITANDRE

Pourquoi s'en prendre à nous ? Si ce qu'on dit vous blesse,
Il faut que le reproche à madame s'adresse.

ALCESTE

Non, morbleu ! c'est à vous ; et vos ris[2] complaisants
660 Tirent de son esprit tous ces traits médisants.
Son humeur satirique est sans cesse nourrie
Par le coupable encens[3] de votre flatterie ;
Et son cœur à railler trouverait moins d'appas,
S'il avait observé qu'on ne l'applaudît pas.

passage analysé

notes

1. **poussez** : continuez, attaquez davantage (vocabulaire de l'escrime).
2. **ris** : rires.
3. **encens** : louanges.

665 | C'est ainsi qu'aux flatteurs on doit partout se prendre[1]
Des vices où l'on voit les humains se répandre.

PHILINTE

Mais pourquoi pour ces gens un intérêt si grand,
Vous qui condamneriez ce qu'en eux on reprend ?

CÉLIMÈNE

Et ne faut-il pas bien que monsieur contredise ?
670 | À la commune voix veut-on qu'il se réduise,
Et qu'il ne fasse pas éclater en tous lieux
L'esprit contrariant qu'il a reçu des cieux ?
Le sentiment d'autrui n'est jamais pour lui plaire ;
Il prend toujours en main l'opinion contraire,
675 | Et penserait paraître un homme du commun,
Si l'on voyait qu'il fût de l'avis de quelqu'un.
L'honneur de contredire a pour lui tant de charmes,
Qu'il prend contre lui-même assez souvent les armes ;
Et ses vrais sentiments[2] sont combattus par lui,
680 | Aussitôt qu'il les voit dans la bouche d'autrui.

ALCESTE

Les rieurs sont pour vous, madame, c'est tout dire,
Et vous pouvez pousser contre moi la satire.

PHILINTE

Mais il est véritable aussi que votre esprit
Se gendarme toujours contre tout ce qu'on dit,
685 | Et que, par un chagrin[3] que lui-même il avoue,
Il ne saurait souffrir qu'on blâme, ni qu'on loue.

ALCESTE

C'est que jamais, morbleu ! les hommes n'ont raison,
Que le chagrin contre eux est toujours de saison,

passage analysé

notes..

| **1. se prendre des :** s'en prendre aux. | **3. chagrin :** promptitude à tout critiquer. |
| **2. vrais sentiments :** opinions. | |

Et que je vois qu'ils sont, sur toutes les affaires,
690 Loueurs impertinents ou censeurs téméraires.

CÉLIMÈNE
Mais...

ALCESTE
        Non, madame, non ; quand[1] j'en devrais mourir,
Vous avez des plaisirs que je ne puis souffrir ;
Et l'on a tort ici de nourrir dans votre âme
Ce grand attachement aux défauts qu'on y blâme.

CLITANDRE
695 Pour moi, je ne sais pas, mais j'avouerai tout haut
Que j'ai cru jusqu'ici madame sans défaut.

ACASTE
De grâces et d'attraits je vois qu'elle est pourvue ;
Mais les défauts qu'elle a ne frappent point ma vue.

ALCESTE
Ils frappent tous la mienne ; et loin de m'en cacher,
700 Elle sait que j'ai soin de les lui reprocher.
Plus on aime quelqu'un, moins il faut qu'on le flatte ;
À ne rien pardonner le pur amour éclate ;
Et je bannirais, moi, tous ces lâches amants
Que je verrais soumis à tous mes sentiments,
705 Et dont, à tous propos, les molles complaisances
Donneraient de l'encens à mes extravagances.

CÉLIMÈNE
Enfin, s'il faut qu'à vous s'en rapportent les cœurs,
On doit, pour bien aimer, renoncer aux douceurs,
Et du parfait amour mettre l'honneur suprême
710 À bien injurier les personnes qu'on aime.

passage analysé

note ....

| **1. quand**: quand bien même, même si.

84

ÉLIANTE
L'amour, pour l'ordinaire, est peu fait à ces lois,
Et l'on voit les amants vanter toujours leurs choix ;
Jamais leur passion n'y voit rien de blâmable,
Et dans l'objet aimé tout leur devient aimable :
715 Ils comptent les défauts pour des perfections,
Et savent y donner de favorables noms.
La pâle est aux jasmins en blancheur comparable ;
La noire à faire peur, une brune adorable ;
La maigre a de la taille et de la liberté ;
720 La grasse est dans son port pleine de majesté ;
La malpropre sur soi, de peu d'attraits chargée,
Est mise sous le nom de beauté négligée ;
La géante paraît une déesse aux yeux ;
La naine, un abrégé des merveilles des cieux ;
725 L'orgueilleuse a le cœur digne d'une couronne ;
La fourbe a de l'esprit ; la sotte est toute bonne ;
La trop grande parleuse est d'agréable humeur ;
Et la muette garde une honnête pudeur.
C'est ainsi qu'un amant dont l'ardeur est extrême
730 Aime jusqu'aux défauts des personnes qu'il aime.

ALCESTE
Et moi, je soutiens, moi...

CÉLIMÈNE
                              Brisons là ce discours,
Et dans la galerie allons faire deux tours.
Quoi ? vous vous en allez, messieurs ?

CLITANDRE *et* ACASTE
                                        Non pas, madame.

ALCESTE
La peur de leur départ occupe fort votre âme.
735 Sortez quand vous voudrez, messieurs ; mais j'avertis
Que je ne sors qu'après que vous serez sortis.

85

ACASTE
À moins de voir madame en être importunée,
Rien ne m'appelle ailleurs de toute la journée.

CLITANDRE
Moi, pourvu que je puisse être au petit couché[1],
740   Je n'ai point d'autre affaire où je sois attaché.

CÉLIMÈNE
C'est pour rire, je crois.

ALCESTE
                    Non, en aucune sorte ;
Nous verrons si c'est moi que vous voudrez qui sorte.

---

note

1. **petit couché** : comme le « petit levé », le « petit couché » est une cérémonie officielle à laquelle assistaient quelques courtisans privilégiés.

Acaste, Arsinoé, Basque et Célimène (Thomas Perreault, Milane Ricard, Costa Tovarnisky, Brigitte Pogonat), Théâtre de l'Utopie, 2006.

Scène 5

BASQUE, ALCESTE, CÉLIMÈNE, ÉLIANTE,
ACASTE, PHILINTE, CLITANDRE

BASQUE
Monsieur, un homme est là qui voudrait vous parler,
Pour affaire, dit-il, qu'on ne peut reculer.

ALCESTE
745 Dis-lui que je n'ai point d'affaires si pressées.

BASQUE
Il porte une jaquette à grand'basques plissées[1],
Avec du dor[2] dessus.

CÉLIMÈNE
Allez voir ce que c'est,
Ou bien faites-le entrer.

ALCESTE
Qu'est-ce donc qu'il vous plaît ?
Venez, monsieur.

Scène 6

UN GARDE, ALCESTE, CÉLIMÈNE,
ÉLIANTE, ACASTE, PHILINTE, CLITANDRE

LE GARDE
Monsieur, j'ai deux mots à vous dire.

ALCESTE
750 Vous pouvez parler haut, monsieur, pour m'en instruire.

notes

1. **jaquette à grand'basques plissées:**
manteau militaire brodé, porté par les
gardes de la maréchaussée, c'est-à-dire la
gendarmerie.

2. **dor:** or (terme populaire).

LE GARDE
Messieurs les Maréchaux, dont j'ai commandement,
Vous mandent de venir les trouver promptement,
Monsieur.

ALCESTE
                    Qui ? moi, monsieur ?

LE GARDE
                                        Vous-même.

ALCESTE
                                                    Et pourquoi
                                                    [faire ?

PHILINTE
C'est d'Oronte et de vous la ridicule affaire.

CÉLIMÈNE
755   Comment ?

PHILINTE
                    Oronte et lui se sont tantôt bravés
Sur certains petits vers, qu'il n'a pas approuvés ;
Et l'on veut assoupir[1] la chose en sa naissance.

ALCESTE
Moi, je n'aurai jamais de lâche complaisance.

PHILINTE
Mais il faut suivre l'ordre : allons, disposez-vous...

ALCESTE
760   Quel accommodement veut-on faire entre nous ?
La voix de ces messieurs me condamnera-t-elle
À trouver bons les vers qui font notre querelle ?

note ....

| **1. assoupir :** calmer.

Je ne me dédis point de ce que j'en ai dit,
Je les trouve méchants.

PHILINTE

Mais, d'un plus doux esprit...

ALCESTE

765 Je n'en démordrai point : les vers sont exécrables.

PHILINTE

Vous devez faire voir des sentiments traitables.
Allons, venez.

ALCESTE

J'irai, mais rien n'aura pouvoir
De me faire dédire.

PHILINTE

Allons vous faire voir.

ALCESTE

Hors qu'un commandement exprès[1] du Roi me vienne
770 De trouver bons les vers dont on se met en peine,
Je soutiendrai toujours, morbleu ! qu'ils sont mauvais,
Et qu'un homme est pendable après les avoir faits.
(À Clitandre et Acaste, qui rient.)
Par la sangbleu ! Messieurs, je ne croyais pas être
Si plaisant que je suis.

CÉLIMÈNE

Allez vite paraître
775 Où vous devez.

ALCESTE

J'y vais, madame, et sur mes pas
Je reviens en ce lieu, pour vuider[2] nos débats.

notes..

| **1. exprès**: rédigé. | **2. vuider**: vider, c'est-à-dire achever.

90

Acte III

Scène 1

CLITANDRE, ACASTE

CLITANDRE
Cher marquis, je te vois l'âme bien satisfaite :
Toute chose t'égaye, et rien ne t'inquiète.
En bonne foi, crois-tu, sans t'éblouir les yeux,
780   Avoir de grands sujets de paraître joyeux ?

ACASTE
Parbleu ! je ne vois pas, lorsque je m'examine,
Où prendre aucun sujet d'avoir l'âme chagrine.
J'ai du bien, je suis jeune, et sors d'une maison[1]
Qui se peut dire noble avec quelque raison ;
785   Et je crois, par le rang que me donne ma race,
Qu'il est fort peu d'emplois dont je ne sois en passe[2].
Pour le cœur[3], dont surtout nous devons faire cas,

notes

1. **maison** : famille.
2. **sois en passe** : sois en bonne position pour obtenir.

3. **cœur** : courage.

91

On sait, sans vanité, que je n'en manque pas,
Et l'on m'a vu pousser, dans le monde, une affaire
790 D'une assez vigoureuse et gaillarde manière.
Pour de l'esprit, j'en ai sans doute, et du bon goût
À juger sans étude et raisonner de tout,
À faire aux nouveautés, dont je suis idolâtre,
Figure de savant sur les bancs du théâtre,
795 Y décider en chef, et faire du fracas
À tous les beaux endroits qui méritent des *ha* !
Je suis assez adroit ; j'ai bon air, bonne mine,
Les dents belles surtout, et la taille fort fine.
Quant à se mettre bien[1], je crois, sans me flatter,
800 Qu'on serait mal venu de me le disputer.
Je me vois dans l'estime autant qu'on y puisse être,
Fort aimé du beau sexe[2], et bien auprès du maître[3].
Je crois qu'avec cela, mon cher marquis, je croi
Qu'on peut, par tout pays, être content de soi.

CLITANDRE

805 Oui ; mais trouvant ailleurs des conquêtes faciles,
Pourquoi pousser ici des soupirs inutiles ?

ACASTE

Moi ? Parbleu ! je ne suis de taille ni d'humeur
À pouvoir d'une belle essuyer la froideur.
C'est aux gens mal tournés, aux mérites vulgaires,
810 À brûler constamment pour des beautés sévères,
À languir à leurs pieds et souffrir leurs rigueurs,
À chercher le secours des soupirs et des pleurs,
Et tâcher, par des soins d'une très longue suite,

---

notes..

| 1. **se mettre bien :** s'habiller élégamment. | 3. **maître :** roi. |
| 2. **beau sexe :** sexe féminin. | |

D'obtenir ce qu'on nie à leur peu de mérite.
815 Mais les gens de mon air, marquis, ne sont pas faits
Pour aimer à crédit[1], et faire tous les frais.
Quelque rare que soit le mérite des belles,
Je pense, Dieu merci ! qu'on vaut son prix comme elles,
Que pour se faire honneur d'un cœur comme le mien,
820 Ce n'est pas la raison[2] qu'il ne leur coûte rien,
Et qu'au moins, à tout mettre en de justes balances,
Il faut qu'à frais communs se fassent les avances.

CLITANDRE
Tu penses donc, marquis, être fort bien ici[3] ?

ACASTE
J'ai quelque lieu, marquis, de le penser ainsi.

CLITANDRE
825 Crois-moi, détache-toi de cette erreur extrême :
Tu te flattes, mon cher, et t'aveugles toi-même.

ACASTE
Il est vrai, je me flatte et m'aveugle en effet.

CLITANDRE
Mais qui te fait juger ton bonheur si parfait ?

ACASTE
Je me flatte.

CLITANDRE
          Sur quoi fonder tes conjectures[4] ?

ACASTE
830 Je m'aveugle.

---

notes

1. **aimer à crédit**: aimer sans être aussitôt récompensé.
2. **ce n'est pas la raison**: il n'est pas raisonnable que.
3. **être fort bien ici**: être en faveur ici (chez Célimène).
4. **conjectures**: suppositions.

CLITANDRE

En as-tu des preuves qui soient sûres ?

ACASTE
Je m'abuse, te dis-je.

CLITANDRE

Est-ce que de ses vœux
Célimène t'a fait quelques secrets aveux ?

ACASTE
Non, je suis maltraité.

CLITANDRE

Réponds-moi, je te prie.

ACASTE
Je n'ai que des rebuts[1].

CLITANDRE

Laissons la raillerie,
835 Et me dis quel espoir on peut t'avoir donné.

ACASTE
Je suis le misérable, et toi le fortuné :
On a pour ma personne une aversion grande,
Et quelqu'un de ces jours il faut que je me pende.

CLITANDRE
Ô çà, veux-tu, marquis, pour ajuster nos vœux[2],
840 Que nous tombions d'accord d'une chose tous deux ?
Que qui pourra montrer une marque certaine
D'avoir meilleure part au cœur de Célimène,
L'autre ici fera place au vainqueur prétendu
Et le délivrera d'un rival assidu ?

notes ....

1. **rebuts :** refus.

2. **ajuster nos vœux :** accommoder nos sentiments.

ACASTE

845 Ah, parbleu ! tu me plais avec un tel langage,
Et du bon de mon cœur à cela je m'engage.
Mais, chut !

Scène 2
CÉLIMÈNE, ACASTE, CLITANDRE

CÉLIMÈNE

Encore ici ?

CLITANDRE

L'amour retient nos pas.

CÉLIMÈNE

Je viens d'ouïr entrer un carrosse là-bas :
Savez-vous qui c'est ?

CLITANDRE

Non.

Scène 3
BASQUE, CÉLIMÈNE, ACASTE, CLITANDRE

BASQUE

Arsinoé, madame,

850 Monte ici pour vous voir.

CÉLIMÈNE

Que me veut cette femme ?

BASQUE

Éliante là-bas est à l'entretenir.

CÉLIMÈNE

De quoi s'avise-t-elle et qui la fait venir ?

ACASTE
Pour prude consommée[1] en tous lieux elle passe,
Et l'ardeur de son zèle[2]...

CÉLIMÈNE

                    Oui, oui, franche grimace :
855 Dans l'âme elle est du monde[3], et ses soins tentent tout
Pour accrocher quelqu'un, sans en venir à bout.
Elle ne saurait voir qu'avec un œil d'envie
Les amants déclarés dont une autre est suivie ;
Et son triste mérite, abandonné de tous,
860 Contre le siècle aveugle est toujours en courroux.
Elle tâche à couvrir d'un faux voile de prude
Ce que chez elle on voit d'affreuse solitude ;
Et pour sauver l'honneur de ses faibles appas,
Elle attache du crime au pouvoir qu'ils n'ont pas.
865 Cependant un amant plairait fort à la dame,
Et même pour Alceste elle a tendresse d'âme.
Ce qu'il me rend de soins outrage ses attraits,
Elle veut que ce soit un vol que je lui fais ;
Et son jaloux dépit, qu'avec peine elle cache,
870 En tous endroits, sous main[4], contre moi se détache[5].
Enfin je n'ai rien vu de si sot à mon gré[6],
Elle est impertinente au suprême degré,
Et...

---

notes

1. **consommée :** parfaite.
2. **zèle :** dévotion, foi religieuse.
3. **elle est du monde :** elle est attachée aux choses terrestres.
4. **sous main :** de manière secrète.
5. **se détache :** se déchaîne.
6. **à mon gré :** à mon goût.

Scène 4   ARSINOÉ, CÉLIMÈNE

CÉLIMÈNE

Ah ! quel heureux sort[1] en ce lieu vous amène ?
Madame, sans mentir, j'étais de vous en peine.

ARSINOÉ

875 Je viens pour quelque avis que j'ai cru vous devoir.

CÉLIMÈNE

Ah, mon Dieu ! que je suis contente de vous voir !

ARSINOÉ

Leur départ ne pouvait plus à propos se faire.

CÉLIMÈNE

Voulons-nous nous asseoir ?

ARSINOÉ

                    Il n'est pas nécessaire,
Madame. L'amitié doit surtout éclater[2]
880 Aux choses qui le plus nous peuvent importer ;
Et comme il n'en est point de plus grande importance
Que celles de l'honneur et de la bienséance,
Je viens, par un avis qui touche votre honneur,
Témoigner l'amitié que pour vous a mon cœur.
885 Hier j'étais chez des gens de vertu singulière,
Où sur vous du discours on tourna la matière ;
Et là, votre conduite, avec ses grands éclats,
Madame, eut le malheur qu'on ne la loua pas.
Cette foule de gens dont vous souffrez visite,
890 Votre galanterie, et les bruits qu'elle excite
Trouvèrent des censeurs[3] plus qu'il n'aurait fallu,
Et bien plus rigoureux que je n'eusse voulu.

passage analysé

notes ....

1. sort: hasard.
2. éclater: se manifester.

3. censeurs: critiques.

97

Vous pouvez bien penser quel parti je sus prendre :
Je fis ce que je pus pour vous pouvoir défendre,
895 Je vous excusai fort sur votre intention[1],
Et voulus de votre âme être la caution.
Mais vous savez qu'il est des choses dans la vie
Qu'on ne peut excuser, quoiqu'on en ait envie ;
Et je me vis contrainte à demeurer d'accord
900 Que l'air dont vous viviez[2] vous faisait un peu tort,
Qu'il prenait dans le monde une méchante face,
Qu'il n'est conte fâcheux que partout on n'en fasse,
Et que, si vous vouliez, tous vos déportements[3]
Pourraient moins donner prise aux mauvais jugements.
905 Non que j'y croie, au fond, l'honnêteté blessée :
Me préserve le Ciel d'en avoir la pensée !
Mais aux ombres du crime on prête aisément foi,
Et ce n'est pas assez de bien vivre pour soi.
Madame, je vous crois l'âme trop raisonnable,
910 Pour ne pas prendre bien cet avis profitable,
Et pour l'attribuer qu'aux mouvements secrets
D'un zèle qui m'attache à tous vos intérêts.

CÉLIMÈNE

Madame, j'ai beaucoup de grâces à vous rendre :
Un tel avis m'oblige, et loin de le mal prendre,
915 J'en prétends reconnaître à l'instant la faveur[4],
Par un avis aussi qui touche votre honneur ;
Et comme je vous vois vous montrer mon amie
En m'apprenant les bruits que de moi l'on publie,
Je veux suivre, à mon tour, un exemple si doux,
920 En vous avertissant de ce qu'on dit de vous.

passage analysé

---

notes

1. sur votre intention : en me fiant à votre intention.
2. l'air dont vous viviez : la façon dont vous meniez votre vie.

3. déportements : manières de vivre.
4. la faveur : la bienveillance.

En un lieu, l'autre jour, où je faisais visite,
Je trouvai quelques gens d'un très rare mérite,
Qui, parlant des vrais soins d'une âme qui vit bien,
Firent tomber sur vous, madame, l'entretien.
925 Là, votre pruderie et vos éclats de zèle
Ne furent pas cités comme un fort bon modèle :
Cette affectation d'un grave extérieur,
Vos discours éternels de sagesse et d'honneur,
Vos mines et vos cris aux ombres d'indécence
930 Que d'un mot ambigu peut avoir l'innocence,
Cette hauteur d'estime où vous êtes de vous,
Et ces yeux de pitié que vous jetez sur tous,
Vos fréquentes leçons, et vos aigres censures
Sur des choses qui sont innocentes et pures,
935 Tout cela, si je puis vous parler franchement,
Madame, fut blâmé d'un commun sentiment[1].
À quoi bon, disaient-ils, cette mine modeste,
Et ce sage dehors que dément tout le reste ?
Elle est à bien prier exacte au dernier point[2] ;
940 Mais elle bat ses gens, et ne les paye point.
Dans tous les lieux dévots[3] elle étale un grand zèle ;
Mais elle met du blanc et veut paraître belle.
Elle fait des tableaux couvrir les nudités ;
Mais elle a de l'amour pour les réalités.
945 Pour moi, contre chacun je pris votre défense,
Et leur assurai fort que c'était médisance ;
Mais tous les sentiments combattirent le mien ;
Et leur conclusion fut que vous feriez bien
De prendre moins de soin des actions des autres,
950 Et de vous mettre un peu plus en peine des vôtres ;
Qu'on doit se regarder soi-même un fort long temps,

passage analysé

notes

1. d'un commun sentiment: d'un commun accord.
2. exacte au dernier point: d'une perfection achevée.
3. lieux dévots: endroits pieux.

Avant que de songer à condamner les gens ;
Qu'il faut mettre le poids d'une vie exemplaire
Dans les corrections qu'aux autres on veut faire ;
955 Et qu'encor vaut-il mieux s'en remettre, au besoin,
À ceux à qui le Ciel en a commis le soin.
Madame, je vous crois aussi trop raisonnable,
Pour ne pas prendre bien cet avis profitable,
Et pour l'attribuer qu'aux mouvements secrets
960 D'un zèle qui m'attache à tous vos intérêts.

ARSINOÉ

À quoi qu'en reprenant[1] on soit assujettie,
Je ne m'attendais pas à cette repartie,
Madame, et je vois bien, par ce qu'elle a d'aigreur,
Que mon sincère avis vous a blessée au cœur.

CÉLIMÈNE

965 Au contraire, madame ; et si l'on était sage,
Ces avis mutuels seraient mis en usage :
On détruirait par là, traitant de bonne foi[2],
Ce grand aveuglement où chacun est pour soi.
Il ne tiendra qu'à vous qu'avec le même zèle
970 Nous ne continuions cet office[3] fidèle,
Et ne prenions grand soin de nous dire, entre nous,
Ce que nous entendrons, vous de moi, moi de vous.

ARSINOÉ

Ah ! madame, de vous je ne puis rien entendre :
C'est en moi que l'on peut trouver fort à reprendre.

CÉLIMÈNE

975 Madame, on peut, je crois, louer et blâmer tout,
Et chacun a raison suivant l'âge ou le goût.

passage analysé

notef..

1. **en reprenant:** en émettant
des observations.
2. **traitant de bonne foi:** agissant avec

sincérité.
3. **office:** service que l'on rend.

Il est une saison pour la galanterie ;
Il en est une aussi propre à la pruderie.
On peut, par politique[1], en prendre le parti,
980 Quand de nos jeunes ans l'éclat est amorti :
Cela sert à couvrir de fâcheuses disgrâces.
Je ne dis pas qu'un jour je ne suive vos traces :
L'âge amènera tout, et ce n'est pas le temps,
Madame, comme on sait, d'être prude à vingt ans.

ARSINOÉ
985 Certes, vous vous targuez d'un bien faible avantage,
Et vous faites sonner terriblement votre âge.
Ce que de plus que vous on en pourrait avoir
N'est pas un si grand cas pour s'en tant prévaloir ;
Et je ne sais pourquoi votre âme ainsi s'emporte,
990 Madame, à me pousser de cette étrange sorte.

CÉLIMÈNE
Et moi, je ne sais pas, madame, aussi pourquoi
On vous voit, en tous lieux, vous déchaîner sur moi.
Faut-il de vos chagrins sans cesse à moi vous prendre ?
Et puis-je mais[2] des soins qu'on ne va pas vous rendre ?
995 Si ma personne aux gens inspire de l'amour,
Et si l'on continue à m'offrir chaque jour
Des vœux que votre cœur peut souhaiter qu'on m'ôte,
Je n'y saurais que faire, et ce n'est pas ma faute :
Vous avez le champ libre, et je n'empêche pas
1000 Que pour les attirer vous n'ayez des appas.

ARSINOÉ
Hélas ! et croyez-vous que l'on se mette en peine
De ce nombre d'amants dont vous faites la vaine[3],
Et qu'il ne nous soit pas fort aisé de juger

notes

1. **par politique:** par calcul, par intérêt.
2. **puis-je mais:** suis-je responsable.

3. **dont vous faites la vaine:** grâce auxquels vous flattez votre vanité.

passage analysé

À quel prix aujourd'hui l'on peut les engager ?
1005 Pensez-vous faire croire, à voir comme tout roule,
Que votre seul mérite attire cette foule ?
Qu'ils ne brûlent pour vous que d'un honnête amour,
Et que pour vos vertus ils vous font tous la cour ?
On ne s'aveugle point par de vaines défaites[1],
1010 Le monde n'est pas dupe ; et j'en vois qui sont faites
À pouvoir inspirer de tendres sentiments,
Qui chez elles pourtant ne fixent point d'amants ;
Et de là nous pouvons tirer des conséquences,
Qu'on n'acquiert point leurs cœurs sans de grandes avances,
1015 Qu'aucun pour nos beaux yeux n'est notre soupirant.
Et qu'il faut acheter tous les soins qu'on nous rend.
Ne vous enflez donc point d'une si grande gloire
Pour les petits brillants d'une faible victoire ;
Et corrigez un peu l'orgueil de vos appas,
1020 De traiter pour cela les gens de haut en bas.
Si nos yeux enviaient les conquêtes des vôtres,
Je pense qu'on pourrait faire comme les autres,
Ne se point ménager, et vous faire bien voir
Que l'on a des amants quand on en veut avoir.

CÉLIMÈNE

1025 Ayez-en donc, madame, et voyons cette affaire :
Par ce rare secret efforcez-vous de plaire ;
Et sans...

ARSINOÉ

      Brisons, madame, un pareil entretien :
Il pousserait trop loin votre esprit et le mien ;

passage analysé

note ....

| 1. **vaines défaites** : mauvaises excuses.

102

Et j'aurais pris déjà le congé qu'il faut prendre,
1030 Si mon carrosse encor ne m'obligeait d'attendre.

CÉLIMÈNE
Autant qu'il vous plaira vous pouvez arrêter,
Madame, et là-dessus rien ne doit vous hâter ;
Mais, sans vous fatiguer de ma cérémonie[1],
Je m'en vais vous donner meilleure compagnie ;
1035 Et monsieur, qu'à propos le hasard fait venir,
Remplira mieux ma place à vous entretenir.
Alceste, il faut que j'aille écrire un mot de lettre,
Que, sans me faire tort, je ne saurais remettre.
Soyez avec madame : elle aura la bonté
1040 D'excuser aisément mon incivilité.

passage analysé

note ....

| **1. cérémonie :** marque de courtoisie.

Dessin de Gerd Hartung, représentation du *Misanthrope* à Berlin, 1990.

Scène 5   ALCESTE, ARSINOÉ

ARSINOÉ
Vous voyez, elle veut que je vous entretienne,
Attendant un moment que mon carrosse vienne ;
Et jamais tous ses soins ne pouvaient m'offrir rien
Qui me fût plus charmant qu'un pareil entretien.
1045 En vérité, les gens d'un mérite sublime
Entraînent de chacun et l'amour et l'estime ;
Et le vôtre, sans doute, a des charmes secrets
Qui font entrer mon cœur dans tous vos intérêts.
Je voudrais que la Cour, par un regard propice[1],
1050 À ce que vous valez rendît plus de justice :
Vous avez à vous plaindre, et je suis en courroux,
Quand je vois chaque jour qu'on ne fait rien pour vous.

ALCESTE
Moi, madame ! Et sur quoi pourrais-je en rien prétendre ?
Quel service à l'État est-ce qu'on m'a vu rendre ?
1055 Qu'ai-je fait, s'il vous plaît, de si brillant de soi[2],
Pour me plaindre à la Cour qu'on ne fait rien pour moi ?

ARSINOÉ
Tous ceux sur qui la Cour jette des yeux propices
N'ont pas toujours rendu de ces fameux services.
Il faut l'occasion, ainsi que le pouvoir,
1060 Et le mérite enfin que vous nous faites voir
Devrait...

ALCESTE
            Mon Dieu ! laissons mon mérite, de grâce ;
De quoi voulez-vous là que la Cour s'embarrasse ?

notes
| **1. propice:** favorable. | **2. de soi:** en soi.

Elle aurait fort à faire, et ses soins seraient grands
D'avoir à déterrer le mérite des gens.

ARSINOÉ

1065   Un mérite éclatant se déterre lui-même :
Du vôtre, en bien des lieux, on fait un cas extrême ;
Et vous saurez de moi qu'en deux fort bons endroits
Vous fûtes hier loué par des gens d'un grand poids.

ALCESTE

Eh ! madame, l'on loue aujourd'hui tout le monde.
1070   Et le siècle par là n'a rien qu'on ne confonde :
Tout est d'un grand mérite également doué,
Ce n'est plus un honneur que de se voir loué ;
D'éloges on regorge, à la tête on les jette,
Et mon valet de chambre est mis dans la Gazette[1].

ARSINOÉ

1075   Pour moi, je voudrais bien que, pour vous montrer mieux,
Une charge à la Cour vous pût frapper les yeux.
Pour peu que d'y songer vous nous fassiez les mines[2],
On peut pour vous servir remuer des machines[3],
Et j'ai des gens en main que j'emploierai pour vous,
1080   Qui vous feront à tout un chemin assez doux.

ALCESTE

Et que voudriez-vous, madame, que j'y fisse ?
L'humeur dont je me sens veut que je m'en bannisse.
Le Ciel ne m'a point fait, en me donnant le jour,
Une âme compatible avec l'air de la Cour ;
1085   Je ne me trouve point les vertus nécessaires
Pour y bien réussir et faire mes affaires.

notes

1. **la Gazette** : il s'agit de *La Gazette de France*, journal qui signalait les distinctions et les promotions.
2. **vous nous fassiez les mines** : vous en montriez l'intérêt.

3. **machines** : artifices dont on se sert pour mener à bien une intrigue.

Être franc et sincère est mon plus grand talent ;
Je ne sais point jouer[1] les hommes en parlant ;
Et qui n'a pas le don de cacher ce qu'il pense
1090 Doit faire en ce pays fort peu de résidence.
Hors de la Cour, sans doute, on n'a pas cet appui
Et ces titres d'honneur qu'elle donne aujourd'hui ;
Mais on n'a pas aussi, perdant ces avantages,
Le chagrin de jouer de fort sots personnages :
1095 On n'a point à souffrir mille rebuts cruels,
On n'a point à louer les vers de messieurs tels,
À donner de l'encens à madame une telle,
Et de nos francs marquis essuyer la cervelle.

ARSINOÉ
Laissons, puisqu'il vous plaît, ce chapitre de Cour ;
1100 Mais il faut que mon cœur vous plaigne en votre amour ;
Et pour vous découvrir là-dessus mes pensées,
Je souhaiterais fort vos ardeurs mieux placées.
Vous méritez, sans doute, un sort beaucoup plus doux,
Et celle qui vous charme est indigne de vous.

ALCESTE
1105 Mais, en disant cela, songez-vous, je vous prie,
Que cette personne est, madame, votre amie ?

ARSINOÉ
Oui ; mais ma conscience est blessée en effet
De souffrir plus longtemps le tort que l'on vous fait ;
L'état où je vous vois afflige trop mon âme,
1110 Et je vous donne avis qu'on trahit votre flamme.

ALCESTE
C'est me montrer, madame, un tendre mouvement,
Et de pareils avis obligent un amant !

note ....

| **1. jouer:** duper.

107

ARSINOÉ

Oui, toute mon amie, elle est et je la nomme
Indigne d'asservir le cœur d'un galant homme ;
1115 Et le sien n'a pour vous que de feintes douceurs.

ALCESTE

Cela se peut, madame : on ne voit pas les cœurs ;
Mais votre charité se serait bien passée[1]
De jeter dans le mien une telle pensée.

ARSINOÉ

Si vous ne voulez pas être désabusé,
1120 Il faut ne vous rien dire, il est assez aisé.

ALCESTE

Non ; mais sur ce sujet quoi que l'on nous expose,
Les doutes sont fâcheux plus que toute autre chose ;
Et je voudrais, pour moi, qu'on ne me fît savoir
Que ce qu'avec clarté l'on peut me faire voir.

ARSINOÉ

1125 Hé bien ! c'est assez dit ; et sur cette manière
Vous allez recevoir une pleine lumière.
Oui, je veux que de tout vos yeux vous fassent foi :
Donnez-moi seulement la main jusque chez moi ;
Là je vous ferai voir une preuve fidèle
1130 De l'infidélité du cœur de votre belle ;
Et si pour d'autres yeux le vôtre peut brûler,
On pourra vous offrir de quoi vous consoler.

note ···

| 1. **se serait bien passée**: aurait mieux fait de se dispenser.

108

Acte IV

Scène 1

ÉLIANTE, PHILINTE

PHILINTE
Non, l'on n'a point vu d'âme à manier si dure,
Ni d'accommodement plus pénible à conclure :
En vain de tous côtés on l'a voulu tourner[1],
Hors de son sentiment on n'a pu l'entraîner ;
Et jamais différend si bizarre, je pense,
N'avait de ces messieurs occupé la prudence.
« Non, messieurs, disait-il, je ne me dédis point,
Et tomberai d'accord de tout, hors de ce point.
De quoi s'offense-t-il ? et que veut-il me dire ?
Y va-t-il de sa gloire à ne pas bien écrire ?
Que lui fait mon avis, qu'il a pris de travers ?
On peut être honnête homme et faire mal des vers :
Ce n'est point à l'honneur que touchent ces matières ;

1135

1140

1145

note

| 1. de tous côtés [...] tourner : par tous les moyens on a voulu le faire changer d'avis.

Je le tiens galant homme en toutes les manières,
Homme de qualité, de mérite et de cœur,
Tout ce qu'il vous plaira, mais fort méchant auteur.
Je louerai, si l'on veut, son train et sa dépense[1],
1150 Son adresse à cheval, aux armes, à la danse ;
Mais pour louer ses vers, je suis son serviteur ;
Et lorsque d'en mieux faire on n'a pas le bonheur,
On ne doit de rimer avoir aucune envie,
Qu'on n'y soit condamné sur peine de la vie. »
1155 Enfin toute la grâce[2] et l'accommodement
Où s'est, avec effort, plié son sentiment,
C'est de dire, croyant adoucir bien son style :
« Monsieur, je suis fâché d'être si difficile,
Et pour l'amour de vous, je voudrais, de bon cœur,
1160 Avoir trouvé tantôt votre sonnet meilleur. »
Et dans une embrassade, on leur a, pour conclure,
Fait vite envelopper[3] toute la procédure.

ÉLIANTE
Dans ses façons d'agir, il est fort singulier ;
Mais j'en fais, je l'avoue, un cas particulier,
1165 Et la sincérité dont son âme se pique[4]
A quelque chose, en soi, de noble et d'héroïque.
C'est une vertu rare au siècle d'aujourd'hui,
Et je la voudrais voir partout comme chez lui.

PHILINTE
Pour moi, plus je le vois, plus surtout je m'étonne
1170 De cette passion où son cœur s'abandonne :
De l'humeur dont le Ciel a voulu le former,
Je ne sais pas comment il s'avise d'aimer ;

notes ....

1. **son train et sa dépense :** son train de vie
et sa manière de recevoir.
2. **grâce :** amabilité.
3. **envelopper :** clore.
4. **se pique :** se flatte.

Et je sais moins encor comment votre cousine
Peut être la personne où son penchant l'incline.

ÉLIANTE

1175 Cela fait assez voir que l'amour, dans les cœurs,
N'est pas toujours produit par un rapport d'humeurs[1] ;
Et toutes ces raisons de douces sympathies
Dans cet exemple-ci se trouvent démenties.

PHILINTE

Mais croyez-vous qu'on l'aime, aux[2] choses qu'on peut voir ?

ÉLIANTE

1180 C'est un point qu'il n'est pas fort aisé de savoir.
Comment pouvoir juger s'il est vrai qu'elle l'aime ?
Son cœur de ce qu'il sent n'est pas bien sûr lui-même ;
Il aime quelquefois sans qu'il le sache bien,
Et croit aimer aussi parfois qu'il n'en est rien.

PHILINTE

1185 Je crois que notre ami, près de cette cousine,
Trouvera des chagrins plus qu'il ne s'imagine ;
Et s'il avait mon cœur, à dire vérité,
Il tournerait ses vœux tout d'un autre côté,
Et par un choix plus juste, on le verrait, madame,
1190 Profiter des bontés que lui montre votre âme.

ÉLIANTE

Pour moi, je n'en fais point de façons, et je croi
Qu'on doit, sur de tels points, être de bonne foi :
Je ne m'oppose point à toute sa tendresse ;
Au contraire, mon cœur pour elle s'intéresse ;
1195 Et si c'était qu'à moi la chose pût tenir,

notes ....

1. **rapport d'humeurs**: harmonie, accord entre les caractères.

2. **aux**: d'après les.

111

Moi-même à ce qu'il aime on me verrait l'unir[1].
Mais si dans un tel choix, comme tout se peut faire,
Son amour éprouvait quelque destin contraire,
S'il fallait que d'un autre on couronnât les feux,
1200 Je pourrais me résoudre à recevoir ses vœux ;
Et le refus souffert[2], en pareille occurrence,
Ne m'y ferait trouver aucune répugnance.

PHILINTE
Et moi, de mon côté, je ne m'oppose pas,
Madame, à ces bontés qu'ont pour lui vos appas ;
1205 Et lui-même, s'il veut, il peut bien vous instruire
De ce que là-dessus j'ai pris soin de lui dire.
Mais si, par un hymen[3] qui les joindrait eux deux,
Vous étiez hors d'état de recevoir ses vœux,
Tous les miens tenteraient la faveur éclatante
1210 Qu'avec tant de bonté votre âme lui présente :
Heureux si, quand son cœur s'y pourra dérober,
Elle pouvait sur moi, madame, retomber.

ÉLIANTE
Vous vous divertissez, Philinte.

PHILINTE
                              Non, madame,
Et je vous parle ici du meilleur de mon âme.
1215 J'attends l'occasion de m'offrir hautement[4]
Et de tous mes souhaits j'en presse le moment.

notes

1. **à ce qu'il aime [...] l'unir :** je serais
d'accord pour qu'il épouse celle qu'il aime
(Célimène).
2. **le refus souffert :** le refus que Célimène
lui adresserait.

3. **hymen :** mariage.
4. **hautement :** ouvertement.

Scène 2   ALCESTE, ÉLIANTE, PHILINTE

ALCESTE

Ah ! faites-moi raison, madame, d'une offense
Qui vient de triompher de toute ma constance.

ÉLIANTE

Qu'est-ce donc ? Qu'avez-vous qui vous puisse émouvoir ?

ALCESTE

1220 J'ai ce que sans mourir je ne puis concevoir ;
Et le déchaînement de toute la nature
Ne m'accablerait pas comme cette aventure.
C'en est fait... Mon amour... Je ne saurais parler.

ÉLIANTE

Que votre esprit un peu tâche à se rappeler[1].

ALCESTE

1225 Ô juste Ciel ! faut-il qu'on joigne à tant de grâces
Les vices odieux des âmes les plus basses ?

ÉLIANTE

Mais encor qui vous peut... ?

ALCESTE

                              Ah ! tout est ruiné ;
Je suis, je suis trahi, je suis assassiné :
Célimène... Eût-on pu croire cette nouvelle ?
1230 Célimène me trompe et n'est qu'une infidèle.

ÉLIANTE

Avez-vous, pour le croire, un juste fondement ?

note ....

| 1. se rappeler : se ressaisir.

PHILINTE

Peut-être est-ce un soupçon conçu légèrement,
Et votre esprit jaloux prend parfois des chimères...

ALCESTE

Ah, morbleu ! mêlez-vous, monsieur, de vos affaires.
1235 C'est de sa trahison n'être que trop certain,
Que l'avoir, dans ma poche, écrite de sa main.
Oui, madame, une lettre écrite pour Oronte
A produit à mes yeux ma disgrâce et sa honte :
Oronte, dont j'ai cru qu'elle fuyait les soins,
1240 Et que de mes rivaux je redoutais le moins.

PHILINTE

Une lettre peut bien tromper par l'apparence,
Et n'est pas quelquefois si coupable qu'on pense.

ALCESTE

Monsieur, encore un coup, laissez-moi, s'il vous plaît,
Et ne prenez souci que de votre intérêt.

ÉLIANTE

1245 Vous devez modérer vos transports, et l'outrage...

ALCESTE

Madame, c'est à vous qu'appartient cet ouvrage ;
C'est à vous que mon cœur a recours aujourd'hui
Pour pouvoir s'affranchir de son cuisant ennui[1].
Vengez-moi d'une ingrate et perfide parente,
1250 Qui trahit lâchement une ardeur si constante ;
Vengez-moi de ce trait[2] qui doit vous faire horreur.

notes

1. **s'affranchir de son cuisant ennui**: se libérer d'un tourment insupportable.

2. **trait**: action.

ÉLIANTE
Moi, vous venger ! Comment ?

ALCESTE
                                    En recevant mon cœur.
Acceptez-le, madame, au lieu de l'infidèle :
C'est par là que je puis prendre vengeance d'elle ;
1255   Et je la veux punir par les sincères vœux,
Par le profond amour, les soins respectueux,
Les devoirs empressés et l'assidu service
Dont ce cœur va vous faire un ardent sacrifice.

ÉLIANTE
Je compatis, sans doute, à ce que vous souffrez,
1260   Et ne méprise point le cœur que vous m'offrez ;
Mais peut-être le mal n'est pas si grand qu'on pense,
Et vous pourrez quitter ce désir de vengeance.
Lorsque l'injure part d'un objet plein d'appas,
On fait force desseins qu'on n'exécute pas :
1265   On a beau voir, pour rompre, une raison puissante,
Une coupable aimée est bientôt innocente ;
Tout le mal qu'on lui veut se dissipe aisément,
Et l'on sait ce que c'est qu'un courroux d'un amant.

ALCESTE
Non, non, madame, non : l'offense est trop mortelle,
1270   Il n'est point de retour, et je romps avec elle ;
Rien ne saurait changer le dessein que j'en fais,
Et je me punirais de l'estimer jamais.
La voici. Mon courroux redouble à cette approche ;
Je vais de sa noirceur lui faire un vif reproche,
1275   Pleinement la confondre, et vous porter après
Un cœur tout dégagé de ses trompeurs attraits.

Scène 3

CÉLIMÈNE, ALCESTE

ALCESTE

Ô Ciel ! de mes transports puis-je être ici le maître ?

CÉLIMÈNE

Ouais ! Quel est donc le trouble où je vous vois paraître ?
Et que me veulent dire et ces soupirs poussés,
1280 Et ces sombres regards que sur moi vous lancez ?

ALCESTE

Que toutes les horreurs dont une âme est capable
À vos déloyautés n'ont rien de comparable ;
Que le sort, les démons, et le Ciel en courroux
N'ont jamais rien produit de si méchant que vous.

CÉLIMÈNE

1285 Voilà certainement des douceurs que j'admire.

ALCESTE

Ah ! ne plaisantez point, il n'est pas temps de rire :
Rougissez bien plutôt, vous en avez raison[1] ;
Et j'ai de sûrs témoins de votre trahison.
Voilà ce que marquaient les troubles de mon âme :
1290 Ce n'était pas en vain que s'alarmait ma flamme ;
Par ces fréquents soupçons, qu'on trouvait odieux,
Je cherchais le malheur qu'ont rencontré mes yeux ;
Et malgré tous vos soins et votre adresse à feindre,
Mon astre[2] me disait ce que j'avais à craindre.
1295 Mais ne présumez pas que, sans être vengé,

notes

1. **vous en avez raison** : vous avez des raisons pour.

2. **astre** : destin.

Je souffre le dépit de me voir outragé.
Je sais que sur les vœux on n'a point de puissance,
Que l'amour veut partout naître sans dépendance,
Que jamais par la force on n'entra dans un cœur,
1300 Et que toute âme est libre à nommer son vainqueur.
Aussi ne trouverais-je aucun sujet de plainte,
Si pour moi votre bouche avait parlé sans feinte ;
Et, rejetant[1] mes vœux dès le premier abord,
Mon cœur n'aurait eu droit de s'en prendre qu'au sort.
1305 Mais d'un aveu trompeur voir ma flamme applaudie,
C'est une trahison, c'est une perfidie,
Qui ne saurait trouver de trop grands châtiments,
Et je puis tout permettre à mes ressentiments.
Oui, oui, redoutez tout après un tel outrage ;
1310 Je ne suis plus à moi, je suis tout à la rage :
Percé du coup mortel dont vous m'assassinez,
Mes sens par la raison ne sont plus gouvernés,
Je cède aux mouvements d'une juste colère,
Et je ne réponds pas de ce que je puis faire.

CÉLIMÈNE
1315 D'où vient donc, je vous prie, un tel emportement ?
Avez-vous, dites-moi, perdu le jugement ?

ALCESTE
Oui, oui, je l'ai perdu, lorsque dans votre vue
J'ai pris, pour mon malheur, le poison qui me tue,
Et que j'ai cru trouver quelque sincérité
1320 Dans les traîtres appas dont je fus enchanté.

note ....
| 1. rejetant: si vous aviez rejeté.

117

CÉLIMÈNE
De quelle trahison pouvez-vous donc vous plaindre ?

ALCESTE
Ah ! que ce cœur est double et sait bien l'art de feindre !
Mais pour le mettre à bout j'ai des moyens tous prêts :
Jetez ici les yeux, et connaissez vos traits[1] ;
1325 Ce billet découvert suffit pour vous confondre,
Et contre ce témoin on n'a rien à répondre.

CÉLIMÈNE
Voilà donc le sujet qui vous trouble l'esprit ?

ALCESTE
Vous ne rougissez pas en voyant cet écrit ?

CÉLIMÈNE
Et par quelle raison faut-il que j'en rougisse ?

ALCESTE
1330 Quoi ? vous joignez ici l'audace à l'artifice ?
Le désavouerez-vous[2], pour n'avoir point de seing[3] ?

CÉLIMÈNE
Pourquoi désavouer un billet de ma main ?

ALCESTE
Et vous pouvez le voir sans demeurer confuse
Du crime dont vers moi son style vous accuse ?

CÉLIMÈNE
1335 Vous êtes, sans mentir, un grand extravagant.

ALCESTE
Quoi ? vous bravez ainsi ce témoin convaincant ?

notes

1. **connaissez vos traits** : reconnaissez votre écriture.
2. **Le désavouerez-vous** : ne le reconnaîtrez-vous pas comme étant de vous.
3. **seing** : signature.

118

Alceste (Dominic Darceuil), Théâtre de l'Utopie, 2006.

Et ce qu'il m'a fait voir de douceur pour Oronte
N'a donc rien qui m'outrage, et qui vous fasse honte ?

CÉLIMÈNE

Oronte ! Qui vous dit que la lettre est pour lui ?

ALCESTE

1340 Les gens qui dans mes mains l'ont remise aujourd'hui.
Mais je veux consentir qu'elle soit pour un autre :
Mon cœur en a-t-il moins à se plaindre du vôtre ?
En serez-vous vers moi moins coupable en effet ?

CÉLIMÈNE

Mais si c'est une femme à qui va ce billet,
1345 En quoi vous blesse-t-il ? et qu'a-t-il de coupable ?

ALCESTE

Ah ! le détour est bon, et l'excuse admirable.
Je ne m'attendais pas, je l'avoue, à ce trait,
Et me voilà, par là, convaincu tout à fait.
Osez-vous recourir à ces ruses grossières ?
1350 Et croyez-vous les gens si privés de lumières[1] ?
Voyons, voyons un peu par quel biais, de quel air
Vous voulez soutenir un mensonge si clair,
Et comment vous pourrez tourner pour une femme
Tous les mots d'un billet qui montre tant de flamme.
1355 Ajustez, pour couvrir un manquement de foi[2],
Ce que je m'en vais lire...

CÉLIMÈNE

                 Il ne me plaît pas, moi.
Je vous trouve plaisant d'user d'un tel empire,
Et de me dire au nez ce que vous m'osez dire.

passage analysé

---

notes

| **1. lumières :** intelligence. | **2. manquement de foi :** infidélité.

120

ALCESTE

Non, non : sans s'emporter, prenez un peu souci
1360 De me justifier les termes que voici.

CÉLIMÈNE

Non, je n'en veux rien faire, et dans cette occurrence[1],
Tout ce que vous croirez m'est de peu d'importance.

ALCESTE

De grâce, montrez-moi, je serai satisfait,
Qu'on peut pour une femme expliquer ce billet.

CÉLIMÈNE

1365 Non, il est pour Oronte, et je veux qu'on le croie ;
Je reçois tous ses soins avec beaucoup de joie ;
J'admire ce qu'il dit, j'estime ce qu'il est,
Et je tombe d'accord de tout ce qu'il vous plaît.
Faites, prenez parti, que rien ne vous arrête,
1370 Et ne me rompez pas davantage la tête.

ALCESTE

Ciel ! rien de plus cruel peut-il être inventé ?
Et jamais cœur fut-il de la sorte traité ?
Quoi ? d'un juste courroux je suis ému contre elle,
C'est moi qui me viens plaindre, et c'est moi qu'on querelle !
1375 On pousse ma douleur et mes soupçons à bout,
On me laisse tout croire, on fait gloire[2] de tout ;
Et cependant mon cœur est encore assez lâche
Pour ne pouvoir briser la chaîne qui l'attache,
Et pour ne pas s'armer d'un généreux[3] mépris
1380 Contre l'ingrat objet dont il est trop épris !

passage analysé

notes

| 1. **occurrence** : circonstance, cas. | 3. **généreux** : digne d'un brave, d'un noble. |
| 2. **fait gloire** : tire vanité. | |

Ah ! que vous savez bien ici, contre moi-même,
Perfide, vous servir de ma faiblesse extrême,
Et ménager[1] pour vous l'excès prodigieux
De ce fatal amour né de vos traîtres yeux !
1385 Défendez-vous au moins d'un crime qui m'accable,
Et cessez d'affecter d'être envers moi coupable ;
Rendez-moi, s'il se peut, ce billet innocent :
À vous prêter les mains[2] ma tendresse consent ;
Efforcez-vous ici de paraître fidèle,
1390 Et je m'efforcerai, moi, de vous croire telle.

CÉLIMÈNE

Allez, vous êtes fou, dans vos transports jaloux,
Et ne méritez pas l'amour qu'on a pour vous.
Je voudrais bien savoir qui pourrait me contraindre
À descendre pour vous aux bassesses de feindre
1395 Et pourquoi, si mon cœur penchait d'autre côté,
Je ne le dirais pas avec sincérité.
Quoi ? de mes sentiments l'obligeante assurance
Contre tous vos soupçons ne prend pas ma défense ?
Auprès d'un tel garant, sont-ils de quelque poids ?
1400 N'est-ce pas m'outrager que d'écouter leur voix ?
Et puisque notre cœur fait un effort extrême
Lorsqu'il peut se résoudre à confesser qu'il aime,
Puisque l'honneur du sexe[3], ennemi de nos feux,
S'oppose fortement à de pareils aveux,
1405 L'amant qui voit pour lui franchir un tel obstacle
Doit-il impunément douter de cet oracle[4] ?
Et n'est-il pas coupable en ne s'assurant pas[5]

passage analysé

---

notes

1. **ménager :** utiliser avec habileté.
2. **prêter les mains :** aider.
3. **l'honneur du sexe :** l'honneur de la femme.
4. **oracle :** parole donnée qui a un caractère sacré.
5. **en ne s'assurant pas :** en ne se fiant pas.

À ce qu'on ne dit point qu'après de grands combats ?
Allez, de tels soupçons méritent ma colère,
1410 Et vous ne valez pas que l'on vous considère :
Je suis sotte, et veux mal à ma simplicité[1]
De conserver encor pour vous quelque bonté ;
Je devrais autre part attacher mon estime,
Et vous faire un sujet de plainte légitime.

ALCESTE

1415 Ah ! traîtresse, mon faible est étrange pour vous !
Vous me trompez sans doute avec des mots si doux ;
Mais il n'importe, il faut suivre ma destinée :
À votre foi mon âme est toute abandonnée ;
Je veux voir, jusqu'au bout, quel sera votre cœur,
1420 Et si de me trahir il aura la noirceur.

CÉLIMÈNE

Non, vous ne m'aimez point comme il faut que l'on aime.

ALCESTE

Ah ! rien n'est comparable à mon amour extrême ;
Et dans l'ardeur qu'il a de se montrer à tous,
Il va jusqu'à former des souhaits contre vous.
1425 Oui, je voudrais qu'aucun ne vous trouvât aimable,
Que vous fussiez réduite en un sort misérable,
Que le Ciel, en naissant[2], ne vous eût donné rien,
Que vous n'eussiez ni rang, ni naissance[3], ni bien,
Afin que de mon cœur l'éclatant sacrifice
1430 Vous pût d'un pareil sort réparer l'injustice,
Et que j'eusse la joie et la gloire, en ce jour,
De vous voir tenir tout des mains de mon amour.

passage analysé

notes...

| 1. **simplicité**: naïveté.
| 2. **en naissant**: à votre naissance.

| 3. **ni naissance**: ni de condition de noble.

CÉLIMÈNE

C'est me vouloir du bien d'une étrange manière !
Me préserve le Ciel que vous ayez matière !...
1435 Voici monsieur Du Bois, plaisamment figuré[1].

**Les acteurs Christina Reali et Francis Huster,
représentation du *Misanthrope* à Paris, 1990.**

note ....

| **1. plaisamment figuré** : accoutré de façon amusante.

Scène 4

DU BOIS, CÉLIMÈNE, ALCESTE

ALCESTE
Que veut cet équipage[1], et cet air effaré ?
Qu'as-tu ?

DU BOIS
Monsieur...

ALCESTE
Hé bien ?

DU BOIS
Voici bien des mystères.

ALCESTE
Qu'est-ce ?

DU BOIS
Nous sommes mal, monsieur, dans nos affaires.

ALCESTE
Quoi ?

DU BOIS
Parlerai-je haut ?

ALCESTE
Oui, parle, et promptement.

DU BOIS
1440 N'est-il point là quelqu'un ?...

ALCESTE
Ah ! que d'amusement[2] !
Veux-tu parler ?

notes

1. équipage: tenue de courrier. Du Bois porte de grandes bottes, un manteau de cavalier et un sac à dos.

2. amusement: perte de temps.

DU BOIS

    Monsieur, il faut faire retraite.

ALCESTE
Comment ?

DU BOIS

    Il faut d'ici déloger sans trompette[1].

ALCESTE
Et pourquoi ?

DU BOIS

    Je vous dis qu'il faut quitter ce lieu.

ALCESTE
La cause ?

DU BOIS

    Il faut partir, monsieur, sans dire adieu.

ALCESTE
1445 Mais par quelle raison me tiens-tu ce langage ?

DU BOIS
Par la raison, monsieur, qu'il faut plier bagage.

ALCESTE
Ah ! je te casserai la tête assurément,
Si tu ne veux, maraud[2], t'expliquer autrement.

DU BOIS
Monsieur, un homme noir et d'habit et de mine
1450 Est venu nous laisser, jusque dans la cuisine,
Un papier griffonné d'une telle façon,
Qu'il faudrait, pour le lire, être pis[3] que démon.

---

notes

1. déloger sans trompette : partir avec précipitation et dans le secret.

2. maraud : canaille, fripouille.
3. pis : pire.

C'est de votre procès, je n'en fais aucun doute ;
Mais le Diable d'enfer, je crois, n'y verrait goutte.

ALCESTE

1455 Hé bien ? quoi ? ce papier, qu'a-t-il à démêler[1],
Traître, avec le départ dont tu viens me parler ?

DU BOIS

C'est pour vous dire ici, monsieur, qu'une heure ensuite,
Un homme qui souvent vous vient rendre visite
Est venu vous chercher avec empressement,
1460 Et, ne vous trouvant pas, m'a chargé doucement[2],
Sachant que je vous sers avec beaucoup de zèle,
De vous dire... Attendez, comme est-ce qu'il s'appelle ?

ALCESTE

Laisse là son nom, traître, et dis ce qu'il t'a dit.

DU BOIS

C'est un de vos amis enfin, cela suffit.
1465 Il m'a dit que d'ici votre péril vous chasse,
Et que d'être arrêté le sort vous y menace.

ALCESTE

Mais quoi ? n'a-t-il voulu te rien spécifier ?

DU BOIS

Non : il m'a demandé de l'encre et du papier,
Et vous a fait un mot, où vous pourrez, je pense,
1470 Du fond de ce mystère avoir la connaissance.

ALCESTE

Donne-le donc.

---

notes

1. **qu'a-t-il à démêler**: en quoi a-t-il
un rapport.

2. **doucement**: de façon polie.

CÉLIMÈNE

Que peut envelopper ceci ?

ALCESTE

Je ne sais, mais j'aspire à m'en voir éclairci.
Auras-tu bientôt fait, impertinent au diable ?

DU BOIS, *après l'avoir longtemps cherché.*
Ma foi ! je l'ai, monsieur, laissé sur votre table.

ALCESTE

1475 Je ne sais qui me tient[1]...

CÉLIMÈNE

Ne vous emportez pas,
Et courez démêler un pareil embarras.

ALCESTE

Il semble que le sort, quelque soin que je prenne,
Ait juré d'empêcher que je vous entretienne ;
Mais pour en triompher, souffrez à mon amour

1480 De vous revoir, madame, avant la fin du jour.

note ....

| **1. qui me tient:** ce qui me retient.

128

Acte V

Scène 1   ALCESTE, PHILINTE

ALCESTE
La résolution en est prise, vous dis-je.

PHILINTE
Mais quel que soit ce coup, faut-il qu'il vous oblige ?...

ALCESTE
Non : vous avez beau faire et beau me raisonner,
Rien de ce que je dis ne me peut détourner :
1485   Trop de perversité règne au siècle où nous sommes,
Et je veux me tirer du commerce des hommes.
Quoi ? contre ma partie on voit tout à la fois
L'honneur, la probité, la pudeur et les lois ;
On publie en tous lieux l'équité de ma cause ;
1490   Sur la foi de mon droit mon âme se repose :
Cependant je me vois trompé par le succès ;

J'ai pour moi la justice et je perds mon procès !
Un traître, dont on sait la scandaleuse histoire,
Est sorti triomphant d'une fausseté noire !
1495 Toute la bonne foi cède à sa trahison !
Il trouve, en m'égorgeant[1], moyen d'avoir raison !
Le poids de sa grimace, où brille l'artifice,
Renverse le bon droit et tourne[2] la justice !
Il fait par un arrêt couronner son forfait !
1500 Et non content encor du tort que l'on me fait,
Il court parmi le monde un livre abominable,
Et de qui la lecture est même condamnable,
Un livre à mériter la dernière rigueur[3],
Dont le fourbe a le front de me faire l'auteur !
1505 Et là-dessus, on voit Oronte qui murmure,
Et tâche méchamment d'appuyer l'imposture !
Lui, qui d'un honnête homme à la Cour tient le rang,
À qui je n'ai rien fait qu'être sincère et franc,
Qui me vient, malgré moi, d'une ardeur empressée,
1510 Sur des vers qu'il a faits demander ma pensée ;
Et parce que j'en use avec honnêteté,
Et ne le veux trahir, lui ni la vérité,
Il aide à m'accabler d'un crime imaginaire !
Le voilà devenu mon plus grand adversaire !
1515 Et jamais de son cœur je n'aurai de pardon,
Pour n'avoir pas trouvé que son sonnet fût bon !
Et les hommes, morbleu ! sont faits de cette sorte !
C'est à ces actions que la gloire[4] les porte !
Voilà la bonne foi, le zèle vertueux,
1520 La justice et l'honneur que l'on trouve chez eux !
Allons, c'est trop souffrir les chagrins qu'on nous forge :

notes

| 1. **en m'égorgeant**: en me ruinant. | 3. **dernière rigueur**: plus grande sévérité. |
| 2. **tourne**: détourne, fausse. | 4. **gloire**: amour-propre, orgueil. |

Tirons-nous de ce bois et de ce coupe-gorge.
Puisque entre humains ainsi vous vivez en vrais loups,
Traîtres, vous ne m'aurez de ma vie avec vous.

PHILINTE
1525 Je trouve un peu bien[1] prompt le dessein où vous êtes,
Et tout le mal n'est pas si grand que vous le faites :
Ce que votre partie ose vous imputer
N'a point eu le crédit[2] de vous faire arrêter ;
On voit son faux rapport lui-même se détruire,
1530 Et c'est une action qui pourrait bien lui nuire.

ALCESTE
Lui ? De semblables tours il ne craint point l'éclat ;
Il a permission d'être franc scélérat ;
Et loin qu'à son crédit nuise cette aventure,
On l'en verra demain en meilleure posture.

PHILINTE
1535 Enfin il est constant qu'on n'a point trop donné
Au bruit que contre vous sa malice a tourné :
De ce côté déjà vous n'avez rien à craindre ;
Et pour votre procès, dont vous pouvez vous plaindre,
Il vous est en justice aisé d'y revenir,
1540 Et contre cet arrêt...

ALCESTE
                    Non, je veux m'y tenir.
Quelque sensible tort qu'un tel arrêt me fasse,
Je me garderai bien de vouloir qu'on le casse :
On y voit trop à plein le bon droit maltraité,
Et je veux qu'il demeure à la postérité

notes
| **1. un peu bien :** beaucoup trop. | **2. crédit :** crédibilité.

131

1545 Comme une marque insigne[1], un fameux témoignage
De la méchanceté des hommes de notre âge.
Ce sont vingt mille francs qu'il m'en pourra coûter ;
Mais pour vingt mille francs j'aurai droit de pester
Contre l'iniquité de la nature humaine,
1550 Et de nourrir pour elle une immortelle haine.

PHILINTE
Mais enfin...

ALCESTE
                    Mais enfin, vos soins sont superflus :
Que pouvez-vous, monsieur, me dire là-dessus ?
Aurez-vous bien le front de me vouloir en face
Excuser les horreurs de tout ce qui se passe ?

PHILINTE
1555 Non : je tombe d'accord de tout ce qu'il vous plaît :
Tout marche par cabale et par pur intérêt ;
Ce n'est plus que la ruse aujourd'hui qui l'emporte,
Et les hommes devraient être faits d'autre sorte.
Mais est-ce une raison que leur peu d'équité
1560 Pour vouloir se tirer de leur société[2] ?
Tous ces défauts humains nous donnent dans la vie
Des moyens d'exercer notre philosophie :
C'est le plus bel emploi que trouve la vertu ;
Et si de probité tout était revêtu,
1565 Si tous les cœurs étaient francs, justes et dociles,
La plupart des vertus nous seraient inutiles,
Puisqu'on en met l'usage à pouvoir sans ennui
Supporter, dans nos droits[3], l'injustice d'autrui ;
Et de même qu'un cœur d'une vertu profonde...

notes

1. **insigne :** remarquable.
2. **société :** compagnie, fréquentation.
3. **dans nos droits :** quand nous sommes dans notre bon droit.

ALCESTE

1570 Je sais que vous parlez, monsieur, le mieux du monde ;
En beaux raisonnements vous abondez toujours ;
Mais vous perdez le temps et tous vos beaux discours.
La raison, pour mon bien, veut que je me retire :
Je n'ai point sur ma langue un assez grand empire ;
1575 De ce que je dirais je ne répondrais pas,
Et je me jetterais cent choses sur les bras.
Laissez-moi, sans dispute[1], attendre Célimène :
Il faut qu'elle consente au dessein qui m'amène ;
Je vais voir si son cœur a de l'amour pour moi,
1580 Et c'est ce moment-ci qui doit m'en faire foi.

PHILINTE
Montons chez Éliante, attendant sa venue.

ALCESTE
Non : de trop de souci je me sens l'âme émue.
Allez-vous-en la voir, et me laissez enfin
Dans ce petit coin sombre avec mon noir chagrin.

PHILINTE
1585 C'est une compagnie étrange pour attendre,
Et je vais obliger Éliante à descendre.

Scène 2 ORONTE, CÉLIMÈNE, ALCESTE

ORONTE
Oui, c'est à vous de voir si par des nœuds si doux,
Madame, vous voulez m'attacher tout à vous.

note ....

| 1. **dispute** : discussion.

133

Il me faut de votre âme une pleine assurance :
1590 Un amant là-dessus n'aime point qu'on balance.
Si l'ardeur de mes feux a pu vous émouvoir,
Vous ne devez point feindre à me le faire voir ;
Et la preuve, après tout, que je vous en demande,
C'est de ne plus souffrir qu'Alceste vous prétende[1],
1595 De le sacrifier, madame, à mon amour,
Et de chez vous enfin le bannir dès ce jour.

CÉLIMÈNE

Mais quel sujet si grand contre lui vous irrite,
Vous à qui[2] j'ai tant vu parler de son mérite ?

ORONTE

Madame, il ne faut point ces éclaircissements ;
1600 Il s'agit de savoir quels sont vos sentiments.
Choisissez, s'il vous plaît, de garder l'un ou l'autre :
Ma résolution n'attend rien que la vôtre.

ALCESTE, *sortant du coin où il s'était retiré.*

Oui, monsieur a raison : madame, il faut choisir,
Et sa demande ici s'accorde à mon désir.
1605 Pareille ardeur me presse, et même soin m'amène ;
Mon amour veut du vôtre une marque certaine,
Les choses ne sont plus pour traîner en longueur,
Et voici le moment d'expliquer votre cœur.

ORONTE

Je ne veux point, monsieur, d'une flamme importune
1610 Troubler aucunement votre bonne fortune.

ALCESTE

Je ne veux point, monsieur, jaloux ou non jaloux,
Partager de son cœur rien du tout avec vous.

notes ....

| **1. vous prétende** : soit votre prétendant. | **2. à qui** : par qui.

ORONTE
Si votre amour au mien lui semble préférable...

ALCESTE
Si du moindre penchant elle est pour vous capable...

ORONTE
1615 Je jure de n'y rien prétendre désormais.

ALCESTE
Je jure hautement de ne la voir jamais.

ORONTE
Madame, c'est à vous de parler sans contrainte.

ALCESTE
Madame, vous pouvez vous expliquer sans crainte.

ORONTE
Vous n'avez qu'à nous dire où s'attachent vos vœux.

ALCESTE
1620 Vous n'avez qu'à trancher, et choisir de nous deux.

ORONTE
Quoi ? sur un pareil choix vous semblez être en peine !

ALCESTE
Quoi ? votre âme balance et paraît incertaine !

CÉLIMÈNE
Mon Dieu ! que cette instance[1] est là hors de saison,
Et que vous témoignez, tous deux, peu de raison !
1625 Je sais prendre parti sur cette préférence,
Et ce n'est pas mon cœur maintenant qui balance :
Il n'est point suspendu, sans doute, entre vous deux,
Et rien n'est si tôt fait que le choix de nos vœux.

note ....

| **1. instance :** sollicitation pressante.

135

Mais je souffre, à vrai dire, une gêne trop forte
1630 À prononcer en face un aveu de la sorte :
Je trouve que ces mots qui sont désobligeants
Ne se doivent point dire en présence des gens ;
Qu'un cœur de son penchant donne assez de lumière,
Sans qu'on nous fasse aller jusqu'à rompre en visière ;
1635 Et qu'il suffit enfin que de plus doux témoins
Instruisent un amant du malheur[1] de ses soins.

ORONTE
Non, non, un franc aveu n'a rien que j'appréhende,
J'y consens pour ma part.

ALCESTE
                          Et moi, je le demande :
C'est son éclat surtout qu'ici j'ose exiger,
1640 Et je ne prétends point vous voir rien ménager.
Conserver tout le monde est votre grande étude !
Mais plus d'amusement et plus d'incertitude :
Il faut vous expliquer nettement là-dessus,
Ou bien pour un arrêt je prends votre refus.
1645 Je saurai, de ma part, expliquer ce silence,
Et me tiendrai pour dit tout le mal que j'en pense.

ORONTE
Je vous sais fort bon gré, monsieur, de ce courroux,
Et je lui dis ici même chose que vous.

CÉLIMÈNE
Que vous me fatiguez avec un tel caprice !
1650 Ce que vous demandez a-t-il de la justice ?

---

note ....

| **1. malheur:** insuccès (de ses démarches).

136

Et ne vous dis-je pas quel motif me retient ?
J'en vais prendre pour juge Éliante qui vient.

Scène 3

ÉLIANTE, PHILINTE, CÉLIMÈNE,
ORONTE, ALCESTE

CÉLIMÈNE

Je me vois, ma cousine, ici persécutée
Par des gens dont l'humeur y paraît concertée[1].
1655 Ils veulent l'un et l'autre, avec même chaleur,
Que je prononce entre eux le choix que fait mon cœur,
Et que, par un arrêt qu'en face il me faut rendre,
Je défende à l'un d'eux tous les soins qu'il peut prendre.
Dites-moi si jamais cela se fait ainsi.

ÉLIANTE

1660 N'allez point là-dessus me consulter ici :
Peut-être y pourriez-vous être mal adressée,
Et je suis pour les gens qui disent leur pensée.

ORONTE

Madame, c'est en vain que vous vous défendez.

ALCESTE

Tous vos détours ici seront mal secondés.

ORONTE

1665 Il faut, il faut parler, et lâcher la balance[2].

ALCESTE

Il ne faut que poursuivre à garder le silence.

ORONTE

Je ne veux qu'un seul mot pour finir nos débats.

notes

1. y paraît concertée : ces gens paraissent se concerter pour me persécuter.

2. lâcher la balance : faire un choix.

Le Misanthrope

ALCESTE
Et moi, je vous entends si vous ne parlez pas.

Scène 4

ACASTE, CLITANDRE, ARSINOÉ,
PHILINTE, ÉLIANTE, ORONTE,
CÉLIMÈNE, ALCESTE

ACASTE, *à Célimène.*
Madame, nous venons tous deux, sans vous déplaire,
Éclaircir avec vous une petite affaire.

CLITANDRE, *à Oronte et à Alceste.*
Fort à propos, messieurs, vous vous trouvez ici,
Et vous êtes mêlés dans cette affaire aussi.

ARSINOÉ, *à Célimène.*
Madame, vous serez surprise de ma vue ;
Mais ce sont ces messieurs qui causent ma venue :
Tous deux ils m'ont trouvée et se sont plaints à moi
D'un trait à qui mon cœur ne saurait prêter foi.
J'ai du fond de votre âme une trop haute estime
Pour vous croire jamais capable d'un tel crime :
Mes yeux ont démenti leurs témoins les plus forts ;
Et l'amitié passant sur de petits discords[1],
J'ai bien voulu chez vous leur faire compagnie,
Pour vous voir vous laver de cette calomnie.

ACASTE, *à Célimène.*
Oui, madame, voyons, d'un esprit adouci,
Comment vous vous prendrez à soutenir ceci :
Cette lettre par vous est écrite à Clitandre ?

1670, 1675, 1680, 1685

passage analysé

note
| **1. discords**: désaccords.

138

CLITANDRE
Vous avez pour Acaste écrit ce billet tendre ?

ACASTE, *à Oronte et à Alceste.*
Messieurs, ces traits pour vous n'ont point d'obscurité,
Et je ne doute pas que sa civilité
À connaître sa main n'ait trop su vous instruire ;
1690 Mais ceci vaut assez la peine de le lire.

Vous êtes un étrange homme de condamner mon enjouement[1], et de me reprocher que je n'ai jamais tant de joie que lorsque je ne suis pas avec vous. Il n'y a rien de plus injuste ; et si vous ne venez bien vite me demander pardon de cette offense, je ne vous la pardonnerai de ma vie. Notre grand flandrin[2] de Vicomte…
Il devrait être ici.

Notre grand flandrin de Vicomte, par qui vous commencez vos plaintes, est un homme qui ne saurait me revenir ; et depuis que je l'ai vu, trois quarts d'heure durant, cracher dans un puits pour faire des ronds, je n'ai pu jamais prendre bonne opinion de lui. Pour le petit Marquis…
C'est moi-même, messieurs, sans nulle vanité.

Pour le petit Marquis, qui me tint hier longtemps la main, je trouve qu'il n'y a rien de si mince que toute sa personne ; et ce sont de ces mérites qui n'ont que la cape et l'épée[3]. Pour l'homme aux rubans verts[4]…
(*À Alceste.*) À vous le dé[5], monsieur.

Pour l'homme aux rubans verts, il me divertit quelquefois avec ses brusqueries et son chagrin bourru ; mais il est cent moments où je le trouve le plus fâcheux du monde. Et pour l'homme à la veste…

passage analysé

notes

1. **enjouement**: gaieté.
2. **flandrin**: homme grand et fluet, d'allure gauche.
3. **la cape et l'épée**: les attributs extérieurs de la noblesse dont la valeur est nulle.

4. **l'homme aux rubans verts**: traditionnellement, le vert est la couleur des bouffons.
5. **À vous le dé**: à votre tour.

(À Oronte.) Voici votre paquet[1].

Et pour l'homme à la veste, qui s'est jeté dans le bel esprit et veut être auteur malgré tout le monde, je ne puis me donner la peine d'écouter ce qu'il dit ; et sa prose me fatigue autant que ses vers. Mettez-vous donc en tête que je ne me divertis pas toujours si bien que vous pensez ; que je vous trouve à dire[2] plus que je ne voudrais, dans toutes les parties[3] où l'on m'entraîne ; et que c'est un merveilleux assaisonnement[4] aux plaisirs qu'on goûte que la présence des gens qu'on aime.

CLITANDRE

Me voici maintenant, moi.

Votre Clitandre dont vous me parlez, et qui fait tant le doucereux[5], est le dernier des hommes pour qui j'aurais de l'amitié. Il est extravagant de se persuader qu'on l'aime ; et vous l'êtes de croire qu'on ne vous aime pas. Changez, pour être raisonnable, vos sentiments contre les siens ; et voyez-moi le plus que vous pourrez, pour m'aider à porter le chagrin d'en être obsédée.

D'un fort beau caractère on voit là le modèle,
Madame, et vous savez comment cela s'appelle ?
Il suffit : nous allons l'un et l'autre en tous lieux
Montrer de votre cœur le portrait glorieux.

ACASTE

1695   J'aurais de quoi vous dire, et belle est la matière ;
Mais je ne vous tiens pas digne de ma colère ;
Et je vous ferai voir que les petits marquis
Ont, pour se consoler, des cœurs du plus haut prix.
(Ils sortent.)

(en marge : passage analysé)

notes

1. **paquet:** courrier.
2. **je vous trouve à dire:** je regrette votre absence.
3. **parties:** parties de jeu et de plaisir organisées entre gens du monde.
4. **assaisonnement:** accompagnement.
5. **doucereux:** d'une douceur désagréable.

ORONTE

Quoi ? de cette façon je vois qu'on me déchire[1],
1700 Après tout ce qu'à moi je vous ai vu m'écrire !
Et votre cœur, paré de beaux semblants d'amour,
À tout le genre humain se promet tour à tour !
Allez, j'étais trop dupe et je vais ne plus l'être.
Vous me faites un bien, me faisant vous connaître :
1705 J'y profite d'un cœur[2] qu'ainsi vous me rendez,
Et trouve ma vengeance en ce que vous perdez.
(À Alceste.)
Monsieur, je ne fais plus d'obstacle à votre flamme,
Et vous pouvez conclure affaire avec madame.
(Il sort.)

ARSINOÉ

Certes, voilà le trait du monde le plus noir ;
1710 Je ne m'en saurais taire et me sens émouvoir.
Voit-on des procédés qui soient pareils aux vôtres ?
Je ne prends point de part aux intérêts des autres ;
(Montrant Alceste.)
Mais monsieur, que chez vous fixait votre bonheur,
Un homme comme lui, de mérite et d'honneur,
1715 Et qui vous chérissait avec idolâtrie,
Devait-il... ?

ALCESTE

                    Laissez-moi, madame, je vous prie,
Vuider mes intérêts moi-même là-dessus,
Et ne vous chargez point de ces soins superflus.
Mon cœur a beau vous voir prendre ici sa querelle[3],
1720 Il n'est point en état de payer ce grand zèle ;

notes

1. **déchire**: calomnie.
2. **J'y profite d'un cœur**: je regagne mon cœur en cela.

3. **sa querelle**: son parti, sa cause.

Et ce n'est pas à vous que je pourrai songer
Si par un autre choix je cherche à me venger.

ARSINOÉ

Hé ! croyez-vous, monsieur, qu'on ait cette pensée,
Et que de vous avoir on soit tant empressée ?
1725 Je vous trouve un esprit bien plein de vanité,
Si de cette créance¹ il peut s'être flatté.
Le rebut de madame est une marchandise
Dont on aurait grand tort d'être si fort éprise.
Détrompez-vous, de grâce, et portez-le moins haut² :
1730 Ce ne sont pas des gens comme moi qu'il vous faut ;
Vous ferez bien encor de soupirer pour elle,
Et je brûle de voir une union si belle.
(Elle se retire.)

ALCESTE

Hé bien ! je me suis tu, malgré ce que je voi,
Et j'ai laissé parler tout le monde avant moi :
1735 Ai-je pris sur moi-même un assez long empire,
Et puis-je maintenant... ?

CÉLIMÈNE

Oui, vous pouvez tout dire :
Vous en êtes en droit, lorsque vous vous plaindrez,
Et³ de me reprocher tout ce que vous voudrez.
J'ai tort, je le confesse, et mon âme confuse
1740 Ne cherche à vous payer d'aucune vaine excuse.
J'ai des autres ici méprisé le courroux,
Mais je tombe d'accord de mon crime envers vous.
Votre ressentiment, sans doute, est raisonnable :
Je sais combien je dois vous paraître coupable,

passage analysé

notes ....

1. **créance**: croyance.
2. **portez-le moins haut**: prenez des airs moins hautains.

3. **Et**: et aussi.

1745 Que toute chose dit que j'ai pu vous trahir,
Et qu'enfin vous avez sujet de me haïr.
Faites-le, j'y consens.

ALCESTE

Hé ! le puis-je, traîtresse ?
Puis-je ainsi triompher de toute ma tendresse ?
Et quoique avec ardeur je veuille vous haïr,
1750 Trouvé-je un cœur en moi tout prêt à m'obéir ?
(À Éliante et Philinte.)
Vous voyez ce que peut une indigne[1] tendresse,
Et je vous fais tous deux témoins de ma faiblesse.
Mais, à vous dire vrai, ce n'est pas encor tout,
Et vous allez me voir la pousser jusqu'au bout,
1755 Montrer que c'est à tort que sages on nous nomme,
Et que dans tous les cœurs il est toujours de l'homme.
(À Célimène.)
Oui, je veux bien, perfide, oublier vos forfaits ;
J'en saurai, dans mon âme, excuser tous les traits,
Et me[2] les couvrirai du nom[3] d'une faiblesse
1760 Où le vice du temps porte votre jeunesse,
Pourvu que votre cœur veuille donner les mains
Au dessein que j'ai fait de fuir tous les humains,
Et que dans mon désert, où j'ai fait vœu de vivre,
Vous soyez, sans tarder, résolue à me suivre :
1765 C'est par là seulement que, dans tous les esprits,
Vous pouvez réparer le mal de vos écrits,
Et qu'après cet éclat, qu'un noble cœur abhorre[4],
Il peut m'être permis de vous aimer encore.

passage analysé

notes ....

1. indigne : qui n'est pas justifiée, que
Célimène ne mérite pas.
2. me : à mes propres yeux.

3. du nom : sous l'appellation.
4. abhorre : déteste.

CÉLIMÈNE

Moi, renoncer au monde avant que de vieillir,
1770 Et dans votre désert aller m'ensevelir !

ALCESTE

Et s'il faut qu'à mes feux votre flamme réponde,
Que vous doit importer tout le reste du monde ?
Vos désirs avec moi ne sont-ils pas contents[1] ?

CÉLIMÈNE

La solitude effraye une âme de vingt ans :
1775 Je ne sens point la mienne assez grande, assez forte,
Pour me résoudre à prendre un dessein de la sorte.
Si le don de ma main peut contenter vos vœux,
Je pourrai me résoudre à serrer de tels nœuds ;
Et l'hymen...

ALCESTE

Non : mon cœur à présent vous déteste,
1780 Et ce refus lui seul fait plus que tout le reste.
Puisque vous n'êtes point, en des liens si doux,
Pour[2] trouver tout en moi, comme moi tout en vous,
Allez, je vous refuse, et ce sensible[3] outrage
De vos indignes fers[4] pour jamais[5] me dégage.
(Célimène se retire, et Alceste parle à Éliante.)
1785 Madame, cent vertus ornent votre beauté,
Et je n'ai vu qu'en vous de la sincérité ;
De vous, depuis longtemps, je fais un cas extrême ;
Mais laissez-moi toujours vous estimer de même ;
Et souffrez que mon cœur, dans ses troubles divers,

passage analysé

notes

1. **contents**: satisfaits.
2. **vous n'êtes point [...] pour**: vous n'êtes point disposée à.
3. **sensible**: frappant.
4. **fers**: amours.
5. **jamais**: toujours.

1790 Ne se présente point à l'honneur de vos fers.
Je m'en sens trop indigne, et commence à connaître
Que le Ciel pour ce nœud ne m'avait point fait naître ;
Que ce serait pour vous un hommage trop bas
Que le rebut d'un cœur[1] qui ne vous valait pas ;
1795 Et qu'enfin...

ÉLIANTE

        Vous pouvez suivre cette pensée :
Ma main de se donner n'est pas embarrassée ;
Et voilà votre ami, sans trop m'inquiéter,
Qui, si je l'en priais, la pourrait accepter.

PHILINTE

Ah ! cet honneur, madame, est toute mon envie,
1800 Et j'y sacrifierais et mon sang et ma vie.

ALCESTE

Puissiez-vous, pour goûter de vrais contentements,
L'un pour l'autre à jamais garder ces sentiments !
Trahi de toutes parts, accablé d'injustices,
Je vais sortir d'un gouffre où triomphent les vices,
1805 Et chercher sur la Terre un endroit écarté
Où d'être homme d'honneur on ait la liberté.

PHILINTE

Allons, madame, allons employer toute chose,
Pour rompre le dessein que son cœur se propose.

note ....

| 1. le rebut d'un cœur : ce qu'un autre cœur a refusé.

Test de première lecture

❶ Dès la première scène, quel défaut Alceste reproche-t-il aux hommes de son époque ?

❷ Pour qui Alceste confesse-t-il avoir un faible, en dépit du fait qu'il ne partage pas du tout les opinions de ce personnage sur le siècle ?

❸ S'il écoutait sa raison plutôt que sa passion, vers quelle femme Alceste se tournerait-il ?

❹ Quelle est l'opinion d'Alceste à l'égard du poème écrit par Oronte ?

❺ Décrivez Célimène aux points de vue physique et moral.

❻ Quel personnage ose reprocher à Célimène ses défauts ?

❼ Quel personnage intente une action en justice contre Alceste ?

❽ Quel lien entretiennent Acaste et Clitandre avec Célimène ?

❾ Quelle est la véritable opinion de Célimène à l'égard d'Arsinoé ?

❿ Traité comme un amant parmi tant d'autres par sa bien-aimée, à qui Alceste choisit-il d'offrir son cœur ?

⓫ Quel objet donne à Alceste la preuve de l'infidélité de son amante ?

⓬ Alceste gagne-t-il son procès contre Oronte ?

⓭ En quoi Éliante est-elle la contrepartie de Célimène au point de vue des valeurs ?

⓮ Lors de la dernière scène, en quel lieu Alceste propose-t-il à son amante de se réfugier ?

⓯ Quels sont les personnages qui annoncent leur mariage lors du dénouement* ?

*: *Cf.* Glossaire

L'étude
de l'œuvre

Quelques notions de base

Les différentes formes dramatiques qui ont cours au XVIIe siècle doivent se conformer à des critères établis par des théoriciens de l'Académie française. À l'époque de Louis XIV, le classicisme, courant dominant, privilégie l'équilibre en tout, la vraisemblance et la bienséance sur scène, reléguant à l'arrière-plan l'exubérance baroque du siècle précédent.

La tragédie est la forme dramatique la mieux définie puisqu'elle est celle qui jouit du plus grand prestige. Quant à la comédie, elle échappe plus facilement aux règles puisqu'elle semble se définir progressivement, au fil des variantes qu'explore notamment Molière. Ses premières pièces illustrent un comique de geste, hérité en droite ligne des farces médiévales. Les dernières grandes comédies, composées en vers et pourvues d'un large éventail de registres comiques, tendent à se rapprocher de la tragédie par la gravité des thèmes abordés. Toutefois, plusieurs caractéristiques permettent de distinguer la comédie de la tragédie et le tableau suivant les schématise.

Tableau comparé des principales caractéristiques de la tragédie et de la comédie

La tragédie	La comédie
• Personnages de rang élevé (rois, haute noblesse de l'Antiquité, etc.).	• Personnages de rang moyen (bourgeois, petite noblesse). Présence fréquente d'un valet et de domestiques.
• Héros doués d'une grandeur d'âme (les vertus généralement attribuées à la noblesse : honneur, devoir, courage, etc.).	• Héros présentant des défauts sujets à moquerie : hypocrisie, avarice, pédanterie, etc.
• Sujets empruntés à l'histoire ou à la mythologie.	• Sujets empruntés à la vie quotidienne.
• Thèmes : destin, fatalité et influence des dieux, passion amoureuse qui entre en conflit avec les devoirs envers l'État.	• Thèmes : grands défauts humains, amour, argent, relations familiales.
• Dénouement malheureux (mort, folie).	• Dénouement heureux (p. ex. : annonce de mariages).
• Ponctuation expressive qui exprime la douleur, le désarroi et qui suscite la pitié. • Figures de style : apostrophe (invocation des dieux, sollicitation de leur aide ou de leur pitié). • Style solennel, adoptant le rythme majestueux de l'alexandrin et conservant un registre linguistique soutenu.	• Comique de mots* : jeux de mots, figures de style, niveaux de langue, ironie*, satire et parodie*. • Comique de geste : grimaces et jeu corporel. • Comique de situation* : quiproquos, rebondissements et chutes. Effets burlesques* : extravagance des situations. • Comique de caractère* : traits moraux caricaturés, vices tournés en ridicule.
• But : corriger les spectateurs de certains vices et de certaines passions. Provoquer l'empathie[1] et divertir.	• But : corriger les spectateurs de certains vices et de certaines passions. Faire rire et divertir.

---

1. **empathie** : faculté de s'identifier à quelqu'un, de ressentir ce qu'il ressent.

* : Cf. Glossaire

**Philinte et Alceste écoutant le sonnet d'Oronte,
gravure de Jacques Leman.**

L'étude de la pièce par acte en s'appuyant sur des extraits

Le Misanthrope ou l'Atrabilaire amoureux, la pièce

Étape préparatoire à l'analyse ou à la dissertation : compréhension du passage en tenant compte du contexte

❶ Résumez l'extrait en faisant un portrait des deux personnages en présence et en relatant leur point de vue respectif.

❷ Les premières répliques donnent une idée des enjeux de la pièce.

    a) Nommez deux ou trois thématiques, déjà présentes dans la scène d'exposition, auxquelles s'intéressera la pièce.

    b) Dégagez les enjeux qui ressortent de cette discussion et qui auront forcément une influence sur la suite de la pièce.

❸ Relevez deux ou trois vers qui traduisent la position d'Alceste par rapport aux sujets nommés ci-après.

    a) Les civilités.

    b) Les courtisans.

    c) L'honnêteté.

    d) Le système de justice.

    e) L'amour.

❹ Relevez deux ou trois vers indiquant que Philinte se situe à l'opposé d'Alceste sur plusieurs des sujets déclinés à la question 3.

❺ Comment Molière s'y prend-il pour glisser l'humour dans ce passage relativement sérieux ? Répondez à l'aide des sous-questions qui suivent.

    a) Après avoir relevé des passages humoristiques, justifiez vos choix.

* : *Cf.* Glossaire

b) En quoi les répliques des vers 192 à 198 contribuent-elles à accélérer le rythme des échanges ?

c) Comment peut-on interpréter l'usage fait des points de suspension aux vers 196 et 197 ?

d) À qui s'attaque Alceste dans ces passages ? Relevez quelques passages qui expliquent sa rancœur. En quoi cette antipathie est-elle caricaturale ?

❻ Les vers suivants contiennent des avis de Philinte et d'Alceste sur la manière de se comporter en société. Associez-les au personnage qui les dit.

a) « Et quand on a quelqu'un qu'on hait ou qui déplaît, / Lui doit-on déclarer la chose comme elle est ? »

b) « Ces obligeants diseurs d'inutiles paroles, [...] / Et traitent du même air l'honnête homme, et le fat. »

c) « Moi, je veux me fâcher, et ne veux point entendre. »

d) « Je veux qu' [...] / On ne lâche aucun mot qui ne parte du cœur. »

e) « Il est bien des endroits où la pleine franchise / Deviendrait ridicule et serait peu permise ; »

f) « Le monde par vos soins ne se changera pas ; »

g) « Et je ne hais rien tant que les contorsions / De tous ces grands faiseurs de protestations, »

h) « Il est bon de cacher ce qu'on a dans le cœur. »

i) « Lorsqu'un homme vous vient embrasser avec joie, / Il faut bien le payer de la même monnoie, »

j) « Mais on entend les gens, au moins, sans se fâcher. »

❼ Selon vous, les vers 173 à 178 permettent-ils d'envisager un rapprochement des points de vue entre les deux hommes ? Justifiez votre opinion.

❽ Quel rôle joue l'argumentation de Philinte aux vers 209 à 224 ? La réplique d'Alceste vous apparaît-elle convaincante ?

❾ Selon vous, lequel des deux personnages Molière tente-t-il de rendre plus sympathique aux yeux du public ? Comment s'y prend-il ?

❿ Que pouvez-vous déduire du milieu social dans lequel vit Alceste ?

⓫ Quelles formes du comique apparaissent dans cette première scène (comique de situation, de mots, de caractère) ?

⓬ Relevez un ou des vers qui marquent l'usage du comique de mots par Molière dans chacune des figures suivantes :

    a) jeux de mots ;

    b) répétitions ;

    c) énumérations ;

    d) antiphrases* ;

    e) stichomythies*.

⓭ En tenant compte des principes suivants de la théorie des humeurs :

    a) le sang, produit par le foie, donne un caractère sanguin, c'est-à-dire jovial, amoureux ;

    b) la lymphe, rattachée au cerveau, donne un caractère lymphatique, c'est-à-dire flegmatique, détaché ;

    c) la bile jaune, produite par le foie, donne un caractère bilieux, c'est-à-dire anxieux (« se faire de la bile ») et colérique ;

    d) la bile noire (atrabile), venant de la rate, donne un caractère mélancolique ;

rédigez un paragraphe, avec citations et exemples à l'appui, dans lequel vous démontrez de quelle(s) humeur(s) est affecté Alceste.

⓮ Parmi les caractéristiques suivantes de la grande comédie classique, quelles sont celles que le premier acte illustre ?

    a) La vraisemblance : l'histoire donne l'illusion de la réalité.

        * : *Cf.* Glossaire

b) La bienséance : l'action ne doit pas choquer le spectateur du point de vue moral, et doit demeurer dans les limites de la pudeur.

c) L'intrigue se situe en milieu bourgeois.

d) La règle des trois unités est respectée.

e) La pièce fait appel à plusieurs types de comique.

⑮ Cette scène répond-elle aux caractéristiques d'une scène d'exposition (présenter l'intrigue, les protagonistes, le contexte spatio-temporel, les décors) ? Si oui, citez-en des preuves. Sinon, relevez les caractéristiques qui ne sont pas illustrées.

.... **Vers la rédaction** ....

⑯ Suivez les étapes proposées dans le but de rédiger une introduction qui conviendrait au sujet suivant : « En vous appuyant sur l'extrait, montrez qu'Alceste et Philinte incarnent deux caractères différents. »

a) Parmi les formulations suivantes, choisissez celle qui conviendrait le mieux à un sujet amené.

a. Molière est né en 1622 et mort en 1673. Fils de tapissier, il a d'abord fait des études en droit pour se diriger ensuite vers le théâtre. Il rencontre la famille Béjart avec qui il fondera l'Illustre-Théâtre, sa troupe.

b. Depuis les débuts de l'humanité, les auteurs écrivent des pièces de théâtre qui font rire et pleurer les spectateurs. Sophocle, Euripide et Euclide sont des dramaturges de l'Antiquité.

c. Le XVIIe siècle représente la toute-puissance française sur le plan politique. En effet, Louis XIV défend une politique militaire belliqueuse, entre autres envers l'Espagne, avec qui il finira par s'entendre puisqu'il mariera la fille du roi Philippe IV, souverain espagnol.

    d. Le courtisan accorde une grande importance à la coquet-
terie, ce qui se manifeste notamment par un goût des
habits somptueux (ou du faste vestimentaire). Le théâtre,
qui est par définition un art de la représentation, traduit
au XVIIe siècle cet intérêt pour les apparences.

b) Parmi les suivants, dégagez trois éléments qui constitueraient
le meilleur sujet divisé.

    a. Alceste illustre l'intolérance face à la flatterie, face à tout
comportement qui altère la vérité des sentiments.

    b. Philinte illustre une forme de complaisance par rapport à
l'esprit courtisan.

    c. Alceste n'est pas poli.

    d. Les procédés stylistiques et humoristiques permettent de
départager les points de vue divergents des personnages.

    e. Philinte pratique le mensonge pieux par respect.

    f. Molière critique la mentalité des courtisans.

    g. Molière utilise l'humour pour se moquer également des
deux personnages.

c) Rédigez l'introduction en utilisant vos réponses précédentes
de façon pertinente et en complétant le tout pour qu'on y
retrouve les articulations suivantes, soit le « sujet amené », le
« sujet posé » (accompagné d'un court résumé de la pièce et
de la situation de l'extrait) et le « sujet divisé ».

⓱ Dans le premier acte, montrez que le spectateur est en mesure
de déterminer si la pièce se range dans la catégorie des grandes
comédies de Molière (voir la question 14). Suivez la démarche
ci-après pour chacun des paragraphes.

a) Formulez en ouverture la phrase-clé qui présente l'idée principale du paragraphe.

b) Présentez deux ou trois idées secondaires.

c) Illustrez-les par des citations ou des exemples en prenant soin
de bien les expliquer ou les commenter (expliquer pourquoi

le personnage dit ce qu'il dit dans le contexte et pourquoi l'auteur emploie les mots qu'il emploie).

d) Terminez chaque paragraphe par une phrase de clôture ou de transition, au choix.

16 Retenez un des deux sujets (questions 16 et 17) pour rédiger une dissertation complète.

17 Prévoyez faire la révision de votre texte en étapes successives :

a) une première révision qui concerne le sens ;

b) une deuxième révision d'ordre orthographique et grammatical ;

c) si possible, une révision qui part de la fin du texte et remonte vers le début.

Questionnaire sur le texte de Molière, *Le Misanthrope*

❶ Faites un tableau en plaçant dans la colonne de gauche tous les personnages évoqués ici et en résumant dans la colonne de droite ce qu'on leur reproche.

❷ Après avoir défini ce qu'est l'ironie, montrez en quoi les répliques de Célimène sont justement ironiques. Pour ce faire, relevez notamment quelques antiphrases.

❸ Expliquez en quoi Célimène risque de susciter de l'antipathie chez le spectateur.

❹ À partir du vers 651, Alceste s'en prend aux marquis plutôt qu'à Célimène. À votre avis, qu'est-ce qui explique cette attitude ?

❺ Montrez en quoi les vers 707 à 710 présentent une vision aux antipodes de celle d'Alceste.

❻ Dans quelle mesure cette scène vous paraît-elle illustrer une certaine cruauté de l'univers de la courtisanerie ? Cette cruauté vous paraît-elle propre au XVIIe siècle uniquement ?

❼ En quoi cette scène contribue-t-elle à nourrir la complexité du caractère de Célimène ?

❽ À votre avis, cette scène relève-t-elle plus de la comédie que de la tragédie ? Expliquez votre point de vue.

Montesquieu, *Lettres persanes*

Montesquieu (1689-1755) est un philosophe dont l'œuvre s'inscrit dans « la philosophie des Lumières ». Les *Lettres persanes* (1721) est

Lectures croisées

un roman épistolaire dans lequel les Persans Usbek et Rica, en visite en France, échangent des lettres avec leurs amis. Ils leur font part de leurs impressions. L'auteur reprend ainsi un procédé qui consiste à regarder comme nouvelle et inconnue la société dans laquelle on vit par le point de vue de personnages étrangers. Ce procédé se retrouve chez de nombreux philosophes, tel Voltaire qui s'en servira dans *L'ingénu* notamment. Il permet à l'auteur de critiquer la société de son temps. Montesquieu amène ainsi le lecteur à prendre conscience du ridicule de certaines coutumes. Mais sa réflexion va plus loin : il touche dans son œuvre à des symboles politiques ou religieux tels que le roi ou le pape. Montesquieu entend ainsi asseoir le règne de la raison face aux préjugés de toute nature. Ce texte offre l'exemple d'un membre de la haute noblesse qui se caractérise par son aspect hautain. Avec une ironie toute sarcastique, l'auteur s'indigne contre le mépris qu'affichent les grands de ce monde pour ceux qui ne sont pas de leur rang.

USBEK À RICA, À ***

Il y a quelques jours qu'un homme de ma connaissance me dit : « Je vous ai promis de vous produire dans les bonnes maisons de Paris : je vous mène à présent chez un grand seigneur qui est un des hommes du royaume qui représente le mieux. »

« Que veut dire cela, Monsieur ? Est-ce qu'il est plus poli, plus affable[1] que les autres ? – Non, me dit-il. – Ah ! j'entends ! il fait sentir à tous les instants la supériorité qu'il a sur tous ceux qui l'approchent. Si cela est, je n'ai que faire d'y aller : je la lui passe tout entière, et je prends condamnation. »

Il fallut pourtant marcher, et je vis un petit homme si fier, il prit une prise de tabac avec tant de hauteur, il se moucha si impitoyablement, il cracha avec tant de flegme, il caressa ses chiens d'une manière si offensante pour les hommes, que je ne pouvais me lasser de l'admirer. « Ah ! Bon Dieu ! dis-je en moi-même, si, lorsque j'étais à la cour de Perse, je représentais ainsi, je représentais un grand sot ! » Il aurait fallu, Rica, que nous eussions eu un bien mauvais naturel pour aller faire cent petites insultes à des gens qui venaient tous les jours chez nous nous témoigner leur bienveillance : ils savaient bien que nous étions

---

1. affable : littéralement, « à qui l'on peut parler » ; désigne une personne qui écoute avec bienveillance ce qu'on lui dit.

au-dessus d'eux, et, s'ils l'avaient ignoré, nos bienfaits le leur auraient appris chaque jour. N'ayant rien à faire pour nous faire respecter, nous faisions tout pour nous rendre aimables: nous nous communiquions aux plus petits; au milieu des grandeurs, qui endurcissent toujours, ils nous trouvaient sensibles; ils ne voyaient que notre cœur au-dessus d'eux: nous descendions jusqu'à leurs besoins. Mais, lorsqu'il fallait soutenir la majesté du prince dans les cérémonies publiques; lorsqu'il fallait faire respecter la nation aux étrangers; lorsque, enfin, dans les occasions périlleuses, il fallait animer les soldats, nous remontions cent fois plus haut que nous n'étions descendus: nous ramenions la fierté sur notre visage, et l'on trouvait quelquefois que nous représentions assez bien.

De Paris, le 10 de la lune de Saphar, 1715.

Montesquieu, *Lettres persanes*, extrait de la lettre LXXIV, 1721.

Questionnaire sur le texte de Montesquieu, *Lettres persanes*

❶ Dans cet extrait des *Lettres persanes*, le personnage d'Usbek raconte à son ami Rica une visite qu'il a faite chez un riche Parisien aux manières ridicules et hautaines, mais perçues par lui comme dignes et nobles. Parmi les suivantes, à quelles caractéristiques de la classe «supérieure» Montesquieu s'attaque-t-il dans cet extrait?

a) À sa politesse.

b) À sa bienveillance.

c) À ses manières grossières.

d) À son orgueil.

e) À sa fierté.

f) À son besoin de se faire admirer.

g) À son mépris pour les classes «inférieures».

❷ Relevez trois ou quatre passages qui révèlent l'esprit ironique* et satirique* de Montesquieu. Expliquez ces passages.

❸ Relevez trois ou quatre figures de style soulignant l'ironie de Montesquieu par rapport à la classe soi-disant supérieure.

❹ Montrez que ce texte, par une voie détournée, combat les préjugés.

* : *Cf.* Glossaire

Gérard Bessette, *Le libraire*

Gérard Bessette naît à Sainte-Anne-de-Sabrevois, près de Saint-Jean-sur-Richelieu, en 1920. Après des études doctorales en lettres, il enseigne dans plusieurs universités canadiennes. En 1960, au début de la Révolution tranquille, il publie *Le libraire*, qui critique âprement et avec une grande ironie la censure politique et cléricale au Québec durant les années de la Grande Noirceur.

Dans cet extrait, le narrateur, Hervé Jodoin, s'exprime à propos de son patron, Léon Chicoine, et de son travail de libraire. On constate qu'il n'a pas un grand intérêt pour son métier...

De Léon Chicoine donc, je ne me plains pas, ou très peu. Les chalands, c'est une autre histoire. Tout d'abord, ils ont le tort d'être plusieurs, tandis que lui, le patron, est seul. De cela, en toute justice, il est difficile de blâmer les clients individuellement. Ça représente toutefois un désavantage initial insurmontable. Je serais pourtant prêt à passer l'éponge là-dessus. La preuve, c'est que certains clients ne me portent pas sur les nerfs. Quand ils savent ce qu'ils veulent et le disent tout de suite, je le leur donne, je prends leur argent, je le mets dans le tiroir-caisse, puis je me rassieds; ou bien je leur dis que nous ne l'avons pas. Là-dessus, rien à redire. Même quand les bouquineurs traînassent le long des rayons, ouvrent et ferment tranquillement des livres — pourvu qu'ils restent silencieux, je ne m'y oppose pas non plus. Je me contente de ne pas les regarder — ce qui est facile grâce à une grande visière opaque que je me rabats sur le nez. Je me dis qu'ils finiront bien par fixer leur choix ou ficheront le camp sans m'adresser la parole.

Mais ceux que je peux difficilement supporter, ce sont les crampons qui s'imaginent que je suis là pour leur donner des renseignements, des consultations littéraires. Seule la pensée que je serai obligé de déménager si je les rudoie trop m'empêche de les foutre à la porte. « Que pensez-vous de tel auteur? Avez-vous lu tel livre? Ce roman contient-il assez d'amour? Croyez-vous que celui-ci soit plus intéressant que celui-là? » À ces dégoûtants questionneurs, malgré l'effort plutôt vigoureux que l'opération exige, je serais tenté de mettre mon pied au cul. Mais je ne peux m'y risquer. Je dois me contenter de leur passer les livres que je crois le moins susceptibles de les intéresser. Cela requiert de ma part une concentration d'esprit qui me fatigue, mais on n'a rien sans peine. En effet, je ne peux leur suggérer des titres sans avoir une idée de leurs goûts; et il me faut, pour cela, leur poser quelques questions. Je me console en me disant que mes efforts sont un gage de tranquillité pour l'avenir. De fait, rares sont ceux qui récidivent. Certains, il est vrai, reviennent à la charge quelques jours plus tard en déclarant qu'ils ont trouvé le livre ennuyeux. Je leur demande alors des précisions sur les parties qui leur ont paru particulièrement somnifères ou scandalisantes et je leur refile un second bouquin aussi semblable au premier que possible. Le plus tordant, c'est que cette méthode m'a permis d'écouler un tas de rossignols poussiéreux qui croupissaient sur les étagères depuis des années et que M. Chicoine m'en a félicité. C'est ce qu'on appelle faire d'une pierre deux coups.

Il y a toutefois une cliente chez qui le truc a raté, Mlle Anasthasie Lessort, laquelle garde, paraît-il, un vieux père impotent. Elle m'a demandé un roman « qui vous remonte, vous savez, qui donne de l'optimisme ». Je lui ai passé *Jésus-la-Caille*. Le titre lui inspirait confiance. Elle l'a accepté sans difficulté, s'imaginant peut-être qu'il s'agissait d'une vie du Christ… Eh bien, trois jours plus tard, elle a rappliqué en me remerciant ! Avant d'avoir lu ce livre, elle trouvait sa vie « inutile, fade, pleine de tracas, d'imperfections, vous savez ». Maintenant elle se sentait quasi heureuse. Elle rendait grâce à Dieu de l'avoir fait naître à Saint-Joachin au lieu de Paris et elle priait pour les misérables du genre de Jésus-la-Caille. Certains passages lui avaient toutefois échappé, « avec l'argot et tout, vous savez ». Ne pouvais-je pas l'éclairer un peu ? — Ça m'a donné, comme on dit, un rude coup. Je lui ai déclaré que l'argot n'était pas mon fort. Elle m'a quand même prié de lui suggérer un autre volume. Sur le coup, j'ai été tenté de refuser. Puis, me ravisant, j'ai saisi le volume le plus épais qui m'est tombé sous la main en lui affirmant qu'elle le trouverait de première force. Elle a dû s'y embourber car je ne l'ai pas revue depuis deux semaines. À moins que son vieux père ne soit en train d'agoniser. En tout cas c'est autant de pris.

Mais je m'arrête. Il m'est assez pénible de subir la présence de mes clients sans ruminer leur idiosyncrasie quand ils ne sont pas là. Il faut que je sois singulièrement désœuvré pour décrire de pareilles insignifiances. Mais qu'y faire ? C'est ça ou rien. Je n'ai pas d'imagination. Je ne saurais rien inventer. Quant à ma vie passée, j'aime mieux l'oublier. Il ne me reste donc que le présent. Et, après tout, parler de mes clients ou d'autre chose, c'est du pareil au même. Pourvu qu'ils soient absents, c'est le principal.

D'ailleurs, il ne faudrait pas croire que la clientèle afflue dans ma section. J'ai même cru remarquer une certaine baisse depuis mon arrivée. Espérons que ça va continuer. L'embêtant, c'est que Léon Chicoine possède la seule librairie de quelque importance à Saint-Joachin. Les pharmacies et restaurants étalent bien ici comme partout leurs collections de livres de poche, mais c'est tout.

Gérard Bessette, *Le libraire*, © Ottawa, Canada, 1993, Éditions Pierre Tisseyre.

Questionnaire sur le texte de Bessette, Le libraire

❶ Résumez l'extrait en quelques lignes et relevez les passages qui témoignent de la misanthropie de Jodoin.

❷ Relevez les adjectifs dans l'extrait et classez-les selon leur connotation péjorative ou méliorative. Comment ces adjectifs contribuent-ils à la tonalité* du texte ?

❸ Relevez deux ou trois passages humoristiques et justifiez vos choix. Quelle est l'intention de l'auteur en utilisant ce vocabulaire et quel lien pouvez-vous établir avec le caractère du héros ?

❹ Ces passages s'apparentent-ils à un type de comique en particulier (de geste, de mots, de caractère, de situation, etc.) ? Précisez-le.

.... **Vers la rédaction – Analyse croisée** ....

❶ Comparez les extraits de Molière avec ceux de Montesquieu, et montrez que les deux auteurs emploient l'ironie afin de critiquer les gens bien en vue de la société.

❷ Montrez en quoi la misanthropie de Jodoin, qui critique constamment les clients qui lui rendent visite, rappelle à la fois la haine d'Alceste pour le genre humain et la médisance qui anime Célimène.

❸ Montrez que derrière ces propos se cache une critique du contexte social dans lequel Molière, Montesquieu et Bessette vivent.

*: *Cf.* Glossaire

Molière, *Le Misanthrope*, acte III, scène 4
Extrait, pages 97 à 103, vers 873 à 1040

❶ Comment qualifieriez-vous l'accueil que fait Célimène à Arsinoé (v. 873 à 878) ?

❷ Quels sont les vers qui montrent que c'est Arsinoé qui déclenche les hostilités ?

❸ Répété dix-sept fois dans l'extrait, quel mot souligne l'apparente courtoisie qui règne entre les deux femmes ?

❹ Relevez les nombreuses antiphrases dans le discours des deux femmes. À quoi sert cette figure et que révèle-t-elle de la pensée véritable de ces personnages ?

❺ Qui triomphe dans cette confrontation ? Quelle forme ce triomphe prend-il ?

❻ Quelle tonalité ressort des vers 894, 905 et 912 (satirique, nostalgique, ironique, dramatique, comique, etc.) ? Quelle intention se cache derrière les propos d'Arsinoé ?

❼ À quel vers les attaques deviennent-elles plus explicites ? Quel argument* Célimène emploie-t-elle alors ? En quoi celui-ci est-il particulièrement blessant pour Arsinoé ?

❽ Aux vers 887 à 890, à quel genre de personne Arsinoé compare-t-elle implicitement Célimène ?

❾ Relevez, dans les différentes tirades* d'Arsinoé, des termes appartenant au champ lexical* des valeurs morales et religieuses. Quelle image veut-elle projeter d'elle-même ?

❿ Observez les vers 937 à 944 : quel est l'effet produit par l'emploi de la conjonction « Mais » ? Quel aspect de la personnalité d'Arsinoé Célimène dévoile-t-elle ?

⓫ Qu'est-ce qui motive les reproches d'Arsinoé à l'endroit de Célimène ?

* : *Cf.* Glossaire

Extrait, pages 97 à 103

⑫ Les vers 909 à 912 dits par Arsinoé sont repris intégralement par Célimène aux vers 957 à 960. Expliquez-en la raison.

⑬ Les personnages d'Arsinoé et de Célimène, qui s'affrontent durement, ont-ils des caractéristiques, des valeurs et des points de vue communs ? Décrivez-les.

.... **Vers la rédaction** ....

⑭ Analysez le caractère argumentatif des propos d'Arsinoé.

⑮ Montrez que la tirade de Célimène, aux vers 913 à 960, illustre son habileté à se défendre.

⑯ Prouvez que Célimène n'est pas dupe de la fausse bienveillance d'Arsinoé à son égard.

⑰ Démontrez qu'en dépit de leur affrontement, les deux personnages féminins se ressemblent beaucoup.

❶ Dans le théâtre classique, l'acte IV est celui de la péripétie*. C'est le moment au cours duquel un événement extérieur précipite l'action dramatique et en accélère le dénouement. Quel événement extérieur vient justement augmenter la tension dramatique ?

❷ Au début de la scène, quels vers permettent de faire comprendre au spectateur qu'Alceste est véritablement en colère ? Relevez au moins deux procédés stylistiques qui traduisent cette vive émotion. La colère d'Alceste va-t-elle croissant tout au long de la scène ? Démontrez-le.

❸ Que reproche Alceste à Célimène ? Sur quel indice s'appuie-t-il ?

❹ Analysez la nature des arguments de Célimène. Appuyez votre analyse sur des exemples.

❺ Quelles émotions révèlent les points d'interrogation et les points d'exclamation dans les répliques d'Alceste ?

❻ Expliquez la raison d'être des points de suspension au vers 1356.

❼ Quelle figure de style retrouve-t-on au vers 1285 ? Pourquoi Célimène réplique-t-elle ainsi à Alceste ?

❽ Relevez des marques de niveau de langue familière dans les répliques de Célimène. Que peut-on en conclure ?

❾ En quoi les vers 1389 et 1390 apparaissent-ils en désaccord avec les valeurs que défend Alceste depuis le début de la pièce ?

❿ Au vers 1421, Célimène dit : « Non, vous ne m'aimez point comme il faut que l'on aime. » Commentez les implications d'une telle réplique.

⓫ À votre avis, que nous apprend la dernière réplique de Célimène, au vers 1435, à propos de ce personnage ?

* : *Cf.* Glossaire

⓬ Le XVIIe siècle considère les passions comme dangereuses, mais non la raison, qui doit triompher. Relevez quelques vers prouvant qu'Alceste est dominé par la passion et qu'il en sera puni.

.... **Vers la rédaction** ....

⓭ En vous appuyant sur les éléments énumérés ci-après concernant les personnages d'Alceste et de Célimène, démontrez que leur incompatibilité amoureuse est véritable.

a) Leur caractère.

b) Leurs valeurs.

c) Le poids de la raison et de la passion dans leur vision des choses.

⓮ Alceste et Célimène sont deux personnages complexes et ambigus. Discutez cette assertion.

⓯ Alceste se comporte-t-il en accord avec ses principes ?

⓰ Expliquez en quoi Célimène est passée maître en rhétorique*, c'est-à-dire dans l'art de convaincre.

* : *Cf.* Glossaire

❶ Quels soupçons d'Alceste se trouvent confirmés dans cette scène ?

❷ Quel est l'effet immédiat de la mise au jour du double jeu de Célimène avec ses soupirants ?

❸ Quelle proposition Alceste fait-il à Célimène ? Cette proposition est-elle étonnante ? Si tel est le cas, dites pourquoi.

❹ Par quel argument Célimène refuse-t-elle l'offre d'Alceste ?

❺ En quoi la réaction d'Alceste, aux vers 1779 à 1784, est-elle incohérente ? Ce personnage a-t-il évolué (voir notamment les vers 1804 à 1806) ?

❻ Analysez et expliquez l'ordre de sortie des personnages. Y trouvez-vous un ordre logique ?

❼ Lors du dénouement, comment Molière s'y prend-il pour défaire les nœuds de l'intrigue ? Ces nœuds sont-ils effectivement dénoués ? Des éléments demeurent-ils en suspens ? Ce dénouement respecte-t-il l'esprit de la comédie ? du classicisme ?

❽ S'il fallait tirer une morale de l'histoire, quelle serait-elle ?

.... **Vers la rédaction** ....

❾ Alceste n'agit pas en accord avec ses propres principes. Discutez cette assertion.

❿ Prouvez que les personnages sont demeurés fidèles à eux-mêmes.

⓫ Montrez que le dénouement ne répond ni aux normes classiques ni à celles de la comédie.

⓬ Quel est le personnage qui, à votre avis, sort gagnant de cette pièce ? Justifiez votre choix.

13 Est-il juste d'affirmer qu'Alceste a évolué au cours de la pièce ?

14 En quoi Célimène illustre-t-elle, d'un certain point de vue, la condition des femmes à cette époque ?

15 En quoi Célimène représente-t-elle, d'un certain point de vue, un personnage de femme étonnant pour l'époque ?

L'étude de l'œuvre dans une démarche plus globale

La démarche proposée ici peut précéder ou suivre l'analyse par extrait. Elle entraîne une connaissance plus synthétique de l'œuvre, et met l'accent sur la compréhension du récit complet. Les deux démarches peuvent être exclusives ou complémentaires.

Pour chacun des cinq actes de la pièce, adoptez une démarche qui tient compte des composantes du texte dramatique, soit :

a) l'intrigue ;

b) les personnages ;

c) la thématique ;

d) l'organisation, le style et la tonalité de la pièce.

Intrigue

❶ Faites le résumé de chacun des actes de la pièce à l'aide des questions qui suivent.

a) **Qui ?** C'est-à-dire quels sont les personnages en présence ?

b) **Quoi ?** Qu'apprend-on sur eux ? Que font-ils ? Quel est l'état de leurs relations ?

c) **Quand ? Et où ?** Quelle est la situation exposée et dans quel contexte ? Quels en sont le temps et le lieu ?

d) **Comment ?** Quelles relations s'établissent entre les personnages ? Quels événements vivent-ils ?

e) **Pourquoi ?** Quel est l'objet de leur quête ? Quels moyens prennent-ils pour y arriver ?

❷ Faites la liste de tous les affrontements qui traversent la pièce, en expliquant la cause de chaque conflit et la position de chacun des opposants.

❸ Repérez les scènes qui semblent n'avoir pour fonction que de faire rire l'auditoire.

❹ Répertoriez les scènes qui donnent lieu à un revirement de situation et commentez les conséquences de ce fait sur l'intrigue.

❺ Évaluez la nécessité du coup de théâtre final et la vraisemblance du dénouement.

Personnages

Les personnages principaux et secondaires*

❶ Au fil de la pièce, dites comment évoluent (s'ils évoluent) les personnages suivants, tant individuellement que dans leurs relations avec les autres :

a) Alceste et Célimène.

b) Arsinoé et Oronte.

c) Philinte et Éliante.

Pour répondre à ces questions, tenez compte des aspects suivants :

a. psychologique (leurs traits de personnalité) ;

b. leurs valeurs et leurs croyances ;

c. leurs sources de conflit.

Observez leur comportement dans les passages où ils sont présents, à l'aide des questions qui suivent.

a. Que pense chacun d'eux ? Que ressentent-ils ?

b. Que disent-ils ?

c. Que font-ils ?

*: Cf. Glossaire

d. Comment se comportent-ils avec les autres personnages ?

e. Comment évoluent-ils d'un acte à l'autre ?

❷ Dans la conception des personnages, quel est l'effet souhaité par Molière sur le lecteur ou sur le spectateur ? Par exemple, vers quel personnage veut-il attirer notre sympathie ? Quel est le personnage le plus proche de l'idéal de l'honnête homme ? Comment Molière influence-t-il notre perception d'Alceste ? Comment fait-il pour rendre Oronte et Célimène antipathiques ? Pour rendre Acaste et Clitandre ridicules ? Illustrez vos réponses.

❸ Quel rôle joue Philinte ? Ce personnage vous apparaît-il plus ou moins sage que le héros ? Répondez de façon bien argumentée.

❹ Montrez qu'Alceste est par moments ridiculisé par Molière.

❺ Expliquez que c'est sur les courtisans, jeunes ou vieux, hommes ou femmes, que Molière exerce son humour.

❻ Qui peut-on considérer comme les gagnants et les perdants de la pièce ? Nuancez votre réponse et justifiez vos choix.

❼ Somme toute, que nous apprend la pièce sur l'esprit du courtisan ?

❽ Quelles sont les caractéristiques de l'amour tel qu'il est représenté dans la pièce ?

❾ Quels personnages peut-on considérer comme des figurants ? Quel rôle leur est-il dévolu ?

Thématique

❶ Parmi les éléments suivants, dégagez les réseaux thématiques qui semblent prédominer dans chacun des actes de la pièce.

a) La nature humaine, la critique de la misanthropie.

b) La flatterie, la préciosité*.

c) L'amour, les convenances, la séduction, la coquetterie.

*: Cf. Glossaire

d) La médisance.

e) L'amitié, l'inimitié.

f) L'importance des conventions sociales.

g) Le mensonge, la tromperie.

Justifiez vos choix.

Organisation de la pièce, style et tonalité

❶ Le premier acte correspond-il aux caractéristiques suivantes de l'exposition ?

a) Fournir des indices sur la condition sociale des personnages et sur les relations entretenues.

b) Situer le lieu et l'époque.

c) Donner des indices sur la nature de l'intrigue.

d) Appréhender la suite des événements.

Justifiez vos choix.

❷ Où peut-on situer le nœud* de l'intrigue ? Justifiez votre choix.

❸ Par rapport au dénouement :

a) Peut-on dire qu'il dénoue le fil de l'intrigue ?

b) Crée-t-il un effet de surprise ou était-il prévisible ?

c) Comment se solde la quête des personnages principaux ?

d) S'agit-il d'une fin tragique, comique ou pitoyable ?

e) En tenant compte du fait que le but du théâtre, à l'époque, était de « plaire pour instruire », dites quel plaisir procure cette fin et quel message il s'en dégage.

❹ Dans la galerie des personnages, certains vous apparaissent-ils moins comiques ? Justifiez votre réponse.

❺ Analysez tous les ressorts du comique dans la pièce.

* : *Cf.* Glossaire

Sujets d'analyse et de dissertation

Plusieurs pistes d'analyse portant sur l'œuvre complète sont maintenant disponibles, certaines plus faciles que d'autres. Pour favoriser votre progression vers le plan, les premiers exemples sont déjà partiellement planifiés (comme suggestion d'exercices, compléter ou détailler ces plans); les derniers sujets laissent toute la place à l'initiative personnelle.

❶ **Est-il juste d'affirmer que Philinte correspond à l'idéal de l'honnête homme?**

Esquisse de plan pour le développement.

-------------------------------- **Introduction** --------------------------------

Sujet amené : puisez une idée dans le contexte sociohistorique du XVIIe siècle.

Sujet posé : reformulez le sujet en mettant en lumière la place essentielle de l'honnête homme dans la société et la littérature du Grand Siècle.

Sujet divisé : prévoyez un court résumé et annoncez les idées principales des deux ou trois paragraphes de développement.

-------------------------------- **Développement** --------------------------------

- Dans le premier paragraphe, présentez certaines caractéristiques qui font de Philinte un honnête homme.

- Dans le deuxième paragraphe, présentez certaines caractéristiques chez Philinte qui sont en désaccord avec la morale de l'honnête homme.

- Dans le troisième paragraphe, faites la synthèse de votre argumentation en ajoutant des aspects à l'appui de votre point de vue.

································· **Conclusion** ·································

- Réponse : répondez clairement à la question posée.
- Synthèse : dégagez les grandes articulations du développement en maintenant l'intérêt du lecteur.
- Ouverture : trouvez une idée faisant le lien entre la thématique et le contexte sociohistorique ou proposez un lien avec une autre œuvre littéraire ou artistique ou, encore, établissez un lien avec l'actualité.

❷ **Analysez le personnage de Célimène dans** *Le misanthrope*.

Voici quelques sous-questions pour vous aider à dégager les idées maîtresses.

- Célimène est-elle honnête envers Alceste et ses autres soupirants ?
- De quelle manière Célimène s'adresse-t-elle aux gens qui l'entourent ?
- Célimène est-elle manipulatrice ?
- Quel est le regard de Célimène sur les autres femmes de la pièce ?
- Quel usage Célimène fait-elle de la coquetterie ?
- De quelle façon l'intelligence de Célimène se déploie-t-elle ?

❸ **Analysez le personnage d'Arsinoé dans** *Le misanthrope*.

Voici quelques sous-questions pour vous aider à dégager les idées principales.

- Arsinoé est-elle manipulatrice ?
- Quel regard Arsinoé pose-t-elle sur les autres femmes de la pièce ?

- Arsinoé est-elle véritablement l'amie de Célimène ?

- Arsinoé est-elle jalouse ?

- Arsinoé est-elle sincère à l'égard de Célimène et de ses amants ?

❹ Selon vous, le personnage d'Alceste a-t-il évolué tout au long de la pièce ?

❺ Montrez que Célimène et Arsinoé représentent les deux côtés d'une même médaille.

❻ À partir de la définition suivante du mot « courtisan », « celui qui cherche à plaire aux puissants, aux gens influents par des manières obséquieuses, flatteuses », peut-on dire que Molière dénonce ce type d'individu dans *Le misanthrope* ?

❼ Démontrez que *Le misanthrope* respecte les caractéristiques du courant classique.

❽ Est-il juste d'affirmer que cette pièce de Molière est misogyne ?

❾ Dans *Le misanthrope*, les hommes sont plus ridicules que les femmes. Discutez cette assertion.

❿ Expliquez en quoi le sous-titre du *Misanthrope*, « ou l'atrabilaire amoureux », aide à comprendre les intentions de Molière en écrivant cette pièce.

⓫ Démontrez en quoi cette pièce reflète son époque tout en étant d'actualité.

⓬ Est-ce que *Le misanthrope* est une pièce aux effets cathartiques ?

⓭ La signification de la pièce prend tout son sens à travers l'opposition des couples. Commentez cette affirmation.

⓮ Selon vous, quel personnage traduit le mieux la vision de Molière ? Justifiez votre réponse.

Glossaire

Pour étudier le théâtre : lexique de base et autres termes

Acte : séparation d'une pièce qui correspond aux étapes du déroulement de l'action.

Antiphrase : figure de style consistant à dire le contraire de ce que l'on pense (voir Ironie).

Argument : raison avancée par le locuteur qui défend une thèse. L'argument peut prendre des formes variées : une forme analogique, quand il se fonde sur un rapprochement d'idées, ou encore la forme de l'argument d'autorité, quand il se fonde sur le jugement de quelqu'un dont la compétence est reconnue comme indiscutable.

Bienséance : respect des mœurs et usages de l'époque, qui implique, dans une pièce classique, d'éviter des situations ou l'expression de certaines émotions susceptibles de choquer.

Bigoterie : dévotion radicale et puritaine. Les termes « bigot » et « dévot » sont synonymes.

Burlesque : comique outré ou cocasse. Synonyme de grotesque.

Cabale : manœuvres secrètes, concertées contre quelqu'un ou quelque chose.

Catharsis : effet d'apaisement des passions produit sur le spectateur par une présentation théâtrale.

Champ lexical : notion ou thème auxquels se rattachent un grand nombre de termes utilisés dans un texte.

Comédie : pièce de théâtre ayant pour but de divertir en représentant les travers, le ridicule des caractères et des mœurs d'une société.

Comédie-ballet : forme de comédie, mise au point par Molière, alliant théâtre, musique et danse.

Comédie de caractère : pièce où le comique naît d'un conflit de personnalités et où l'auteur ridiculise un trait de caractère, comme l'hypocrisie, l'avarice, la coquetterie, etc.

Comédie de mœurs : pièce qui se moque des habitudes de vie et des coutumes d'un peuple ou d'une société.

Comique de caractère : naît de personnalités en conflit ou de traits de caractère ridiculisés.

Comique de geste : comique axé sur la performance physique de l'acteur et accordant une large place aux mimiques, aux chutes, aux coups de bâton, etc.

Comique de mots (ou de langage) : repose sur les jeux de mots et autres ressources linguistiques.

Comique de situation (ou d'intrigue): situation de départ complexe pouvant entraîner de multiples rebondissements et des retournements de situation.

Commedia dell'arte: comédie à l'italienne où les comédiens, masqués, improvisent sur un canevas en mettant l'accent sur le comique gestuel.

Dénouement: résolution d'une situation nouée par une série de péripéties.

Dévot: personnage attaché à la religion et à ses pratiques. Puritain, le dévot défend des idées religieuses très rigoristes. Le faux dévot est un hypocrite qui affiche trompeusement une dévotion excessive.

Dramatique: relatif au théâtre; un auteur dramatique (Molière) est un dramaturge; une pièce de théâtre est une œuvre dramatique.

Exposition: scène d'ouverture qui a généralement pour fonction de situer le spectateur par rapport au contexte spatiotemporel, à la condition sociale des personnages et aux liens qu'ils ont entre eux, et qui présente aussi souvent un élément perturbateur qui rompt l'équilibre de départ.

Farce: petite pièce qui s'adresse à un public populaire: les personnages en sont stéréotypés, les intrigues schématiques et le comique mise généralement sur le grotesque et les bouffonneries.

Grand Siècle: nom donné au siècle de Louis XIV, dont le règne (1643-1715) a été l'un des plus longs de l'histoire de France.

Héros: personnage principal du texte. Synonyme de protagoniste.

Honnête homme: terme qui renvoie à l'idéal humain du siècle classique. Doué d'un ensemble de qualités telles que la sagesse, la mesure et la bienveillance, l'honnête homme doit aussi pouvoir briller dans les salons par sa conversation.

Intrigue: ensemble des événements qui forment le nœud d'une pièce de théâtre.

Ironie: figure de rhétorique par laquelle on dit le contraire de ce que l'on veut faire entendre (voir Antiphrase).

Ironique: voir Registre.

Jansénisme: doctrine austère et rigoriste, fondée sur l'idée de prédestination. Les jansénistes croient que seul Dieu accorde la grâce et que les bonnes actions des hommes ne peuvent les racheter au regard de Dieu.

Jeu de paume: ancêtre du tennis, le jeu de paume se jouait dans un lieu rectangulaire. Lorsque ce sport perdra de sa popularité, ces espaces seront aménagés en théâtres.

Nœud: cœur de l'intrigue, point culminant de l'action.

Parodie: imitation grotesque, caricature.

Pédant : personne qui manifeste prétentieusement son savoir, son érudition.

Pensions : allocations versées régulièrement à des créateurs par un mécène qui peut être le roi lui-même ou un noble fortuné.

Péripétie : retournement de situation imprévu, inattendu et souvent soudain, qui vient modifier la situation des héros et peut influer sur leur volonté. Synonyme de coup de théâtre.

Personnage secondaire : être de fiction et participant significatif de l'intrigue, il assume de façon transitoire une ou des fonctions du schéma actanciel, soit destinateur ou destinataire, adjuvant ou opposant ; il est plus rarement l'objet de la quête.

Précieux : caractéristique d'un courant social et littéraire du XVIIe siècle, orienté vers le raffinement des mœurs et du langage.

Préciosité : mouvement philosophique et littéraire qui revendique l'émancipation des femmes tout en faisant la promotion de la galanterie et du raffinement dans les mœurs.

Protagoniste : voir Héros.

Registre : manifestation dans le langage de l'émotion produite par un texte sur la sensibilité du lecteur : émouvoir, faire pleurer (registre pathétique), exprimer ses sentiments personnels (lyrique), exprimer et provoquer de la peur (fantastique), critiquer sérieusement (polémique), critiquer plaisamment (satirique et ironique), faire rire (comique), amplifier un événement (épique). Les registres sont en relation avec un genre : comédie et registre comique, épopée et registre épique, poésie lyrique et registre lyrique, etc. Synonyme de tonalité.

Règle des trois unités : principe d'unité d'une pièce classique se déclinant en trois règles : l'unité d'action (qui concentre l'action sur l'intrigue principale), l'unité de temps (qui resserre les faits dans les limites de 24 heures), l'unité de lieu (qui installe l'action dans un espace unique et polyvalent).

Rhétorique : art de persuader ou de convaincre grâce aux ressources du langage.

Salon : généralement tenu par une femme, le salon du XVIIe siècle est un lieu de réunion dans une maison privée où l'on recevait des membres de la haute société afin de discuter de littérature, de philosophie, d'art ou de science.

Saltimbanque : comédien, chanteur ou danseur qui se produit en public. Le saltimbanque est une sorte de jongleur qui poursuit la tradition héritée du Moyen Âge.

Satire : écrit qui raille les travers d'une époque.

Glossaire

Satirique : voir Registre.

Stichomythie : dialogue composé d'une succession de courtes répliques – généralement un seul vers ou moins – tenant souvent en bribes de phrases.

Tirade : longue réplique.

Tonalité : voir Registre.

Tragédie : pièce de théâtre mettant en scène des personnages de haut lignage, qui suscite chez le spectateur des émotions vives et se termine généralement par la mort ou la folie d'un des protagonistes.

Vraisemblance : qualité de ce qui peut sembler vrai pour la raison du spectateur, même quand cela ne l'est pas réellement.

Bibliographie, filmographie

Bibliographie

– Paul Bénichou, *Morales du Grand Siècle*, Gallimard, 1988.
– Mikhaïl Boulgakov, *La vie de monsieur de Molière*, Laffont, 1999.
– Pierre Clarac, *Littérature française*, « L'âge classique », Arthaud, 1969.
– René Jasinski, *Molière*, Hatier, 1969.
– René Jasinski, *Molière* et « *Le misanthrope* », Armand Colin, 1961.
– Céline Thérien, *Anthologie de la littérature française, des origines au romantisme*, tome 1, 2e éd., Les Éditions CEC, 2006.

Éditions commentées *du Misanthrope*

– Marie Cartier et Aude Deruelle, *Le misanthrope*, Petits Classiques Larousse, 1998.
– François d'Humières, *Le misanthrope ou l'atrabilaire amoureux*, Classiques Hachette, 2004.
– Alexis Pelletier, *Le misanthrope*, Bordas, 1991.

Filmographie

– *Le misanthrope* de Pierre Dux et Jean-Paul Carrère, paru chez Zone 2, 2009.
– *Molière* d'Ariane Mnouchkine, paru chez les Films du soleil et de la nuit, 1978.
– *Molière* de Laurent Tirard, paru chez Fidélité Films, 2006.

Dans la même collection